Attac (Hg.)

Wir bauen Europa neu

Wer baut mit?

Attac (Hg.)

Wir bauen Europa neu
Wer baut mit?

Alternativen für eine
demokratische,
soziale,
ökologische
und friedliche EU

Residenz Verlag

Bibliografische Information der Deutschen Bibliothek
Die Deutsche Bibliothek verzeichnet diese Publikation in der Deutschen Nationalbibliografie; detaillierte bibliografische Daten sind im Internet über http://dnb.ddb.de abrufbar.

www.residenzverlag.at

www.attac.at

Umschlaggestaltung: Joe Wannerer
Typografische Gestaltung, Satz: Ekke Wolf, typic.at
unter Verwendung der Schriften Minion und Arbitrary
Lektorat: Afra Margaretha
Gesamtherstellung: CPI Moravia

ISBN 978-3-7017-3129-9

Inhalt

PERSÖNLICHE VISIONEN FÜR EIN ANDERES EUROPA

Einleitung
Warum wir Europa neu bauen wollen

Inmitten globaler Krisen – der Finanzkrise, der Lebensmittelkrise, der Klima- und Energiekrise, der Verteilungskrise – steckt der Global Player EU nicht zufällig auch in einer demokratischen Legitimationskrise. Das Vertrauen der Menschen in die europäischen Institutionen ist gering, das Demokratiedefizit notorisch. Der »Verfassungsvertrag« wurde in Frankreich und Holland zurückgewiesen, der »abgeschminkte« Lissabon-Vertrag in Irland.

Das schwache Vertrauen der Bevölkerung ist verständlich: Die EU hat uns nicht vor der Globalisierung geschützt. Durch die Deregulierung der Finanzmärkte und die blinde Liberalisierung des Kapitalverkehrs verschuldete sie sehenden Auges die Ansteckung mit der Finanzkrise. Zur Klima- und Energiekrise leistet die EU aufgrund ihres übermäßigen Ressourcenverbrauchs einen wesentlich größeren Beitrag als die meisten anderen Wirtschaftsräume. Die Agrar- und Handelspolitik der EU hat zur Verschärfung des Welthungerproblems beigetragen.

Die EU *ist* die Globalisierung: als treibende Akteurin in der Welthandelsorganisation WTO, als Anwältin »freier« Finanzmärkte, als mächtige Gläubigerin. Ihre Mitgliedsstaaten zählen zu den stimmenstärksten Aktionären der Weltbank und des Internationalen Währungsfonds IWF. In einem historischen Irrtum machten sie den Wettbewerb zum zentralen Ordnungsprinzip der EU – in Inneren wie im Äußeren. Anstatt ihr politisches und wirtschaftliches Gewicht für europäische und globale Standards einzusetzen, treibt die EU den innereuropäischen und globalen Standortwettbewerb voran, der die

Kluft zwischen Arm und Reich immer weiter vertieft, und gibt der Wettbewerbsfähigkeit Vorrang vor der überlebensnotwendigen Ökologisierung.

Anstatt die Grundbedürfnisse und Lebensinteressen der Menschen in Europa ins Zentrum der Politik zu rücken, forciert sie ein unnachhaltiges Produktions- und Konsummodell, welches die Außenabhängigkeit von Rohstoffen und Energie von Jahr zu Jahr steigert. Bei einem Weiter-So wird sich die EU zu einer ernsthaften Gefahr für den Weltfrieden entwickeln.

Der »Reformvertrag« von Lissabon gibt auf die globalen Fragen und Herausforderungen des 21. Jahrhunderts keine Antworten. Er schreibt die neoliberale Ideologie fest und stellt die Weichen des einstigen »Friedensprojektes« in Richtung Aufrüstung und militärische Auslandseinsätze, mit denen der Zugang zu Ressourcen – insbesondere Energie – sowie zu den Märkten des globalen Südens gesichert werden soll. Der Lissabon-Vertrag stärkt die NATO und schwächt die UNO. Gleichzeitig lässt er den Kern des Demokratieproblems unberührt: Das EU-Parlament dürfte auch mit dem neuen Vertrag keine Gesetze initiieren und in wesentlichen Politikfeldern wie der Außen- und Sicherheitspolitik nicht mitbestimmen. Die nationalen Regierungen wären auch weiterhin der mächtigste Gesetzgeber in Brüssel – ein Hohn auf das Prinzip der Gewaltentrennung und das gemeinsame Europa.

Die BürgerInnen werden einerseits als ArbeitnehmerInnen, UnternehmerInnen, KonsumentInnen und zukünftige Generationen gegeneinander ausgespielt und andererseits immer mehr von den politischen Entscheidungsprozessen ausgeschlossen; in essenziellen Fragen – Verteilung, Gentechnik, Atomenergie – werden sie regelrecht überfahren, während die ökonomischen Eliten über Lobbys bevorzugten Zugang zur Durchsetzung ihrer Interessen genießen. Beim Abtausch nationaler Elite-Interessen hinter verschlossenen Türen bleiben demokratische Mehrheiten regelmäßig auf der Strecke. Im »Brüsseler Bandenspiel« wird erzwungen, was Regierungen in ihren eigenen Ländern nicht durchzusetzen imstande sind. Jüngstes Beispiel, die Post: Obwohl 77 Prozent der Bevölkerung die öffentliche Post beibehalten wollen, liberalisierte die EU mit der Stimme Österreichs die Postmärkte. Jetzt tut die österreichische Regierung so, als würde »die EU« sie zum Fall des Monopols zwingen, obwohl sie selbst diese Entscheidung mitgetroffen hat.

Wir sind der Ansicht: Die Europäische Union braucht mehr Demokratie und eine neue Zielrichtung! Es geht nicht nur darum, die EU besser zu erklären, sondern auch darum, sie demokratischer zu gestalten. Es geht nicht darum, die EU zum wettbewerbsfähigsten Wirtschaftsraum der Welt zu machen, vielmehr soll sie ein sozial und ökologisch nachhaltiger Wirtschaftsraum werden, dessen Wohlstand nicht auf der Ausbeutung der Ressourcen und Menschen im globalen Süden beruht. Die Ziele und die künftige Ausrichtung der Union müssen Gegenstand einer breiten öffentlichen Debatte sein. Als Beitrag zu dieser Debatte legen wir in diesem Sammelband unsere konkreten Vorstellungen und unsere Visionen einer sozialen, ökologischen, friedlichen, solidarischen und vor allem demokratischen EU vor:

- Unser lebenswertes Europa beruht nicht auf dem Vorrang der »ökonomischen Grundfreiheiten«, sondern auf der gesamten Palette der politischen, wirtschaftlichen, sozialen und kulturellen Menschenrechte.
- Unser demokratisches Europa baut auf die Beteiligung möglichst vieler Menschen, es gibt den Menschen effektive demokratische Instrumente in die Hand, mit denen sie sich aktiv an der Gestaltung des Zusammenlebens in der EU beteiligen und mitentscheiden können.
- Unser ökologisches Europa versucht nicht wettbewerbsfähig, sondern global nachhaltig zu werden. Es sagt Nein zu Gentechnik und Kernenergie und macht sich von der Außenzufuhr von Energie unabhängig. Es setzt auf eine kleinteilige, biologische Landwirtschaft, die mit weniger

Maschinen und Erdöl als heute gesunde Nahrungsmittel regional produziert.

- Unser soziales Europa garantiert allen Menschen ökonomische Sicherheit und soziale Inklusion. Es legt Grenzen für die Ungleichheit fest und entkoppelt Einkommen tendenziell von der Erwerbsarbeit. Es bietet ein breites Angebot öffentlicher Güter und Dienstleistungen und damit eine große Zahl sinnvoller Arbeitsplätze.
- Unser solidarisches Europa fördert regionale Integrationsprozesse im globalen Süden und gestaltet seine Handels- und Investitionsbeziehungen mit Drittländern auf der Basis von Kooperation, der Umsetzung von Menschenrechten und nachhaltiger Entwicklung.
- Unser friedliches Europa verpflichtet sich einseitig zu Abrüstung und Nichtangriff. Es setzt sein politisches Gewicht dafür ein, dass ein globales Gewaltmonopol einer demokratisierten UNO übertragen wird. Wer sich an einem Angriffskrieg ohne UN-Mandat beteiligt, kann nicht mehr Mitglied der Union sein.

Auf der Basis der aktuellen Verträge ist kein besseres Europa zu machen. Die BürgerInnen müssen in den Bau des Hauses Europa eingebunden werden. Attac schlägt einen neuen, direktdemokratisch gewählten Konvent vor. Dieser soll einen neuen EU-Vertrag ausarbeiten, der den BürgerInnen zur Abstimmung vorgelegt werden muss.

Die europäische Strategie von Attac

Konstruktive Kritik an der EU wird von Medien und PolitikerInnen oft ins »antieuropäische« Eck gestellt und mit einer Ablehnung der EU gleichgesetzt. So erspart man sich die Auseinandersetzung mit alternativen Konzepten. Die Arbeit des Attac-Netzwerks für eine alternative Europäische Integration reicht schon Jahre zurück. Auf rein ehrenamtlicher Basis wurde eine europäische Koordination der Landesorganisationen aufgebaut. 2006 haben wir mit den »10 Prinzipien für einen demokratischen Vertrag« unsere konkreten Vorstellungen für einen »Neustart« der EU dargelegt. 2008, auf der ersten europäischen Attac-Sommeruniversität, diskutierten fast 800 Attac-AktivistInnen aus zahlreichen EU-Mitgliedsstaaten über Alternativen und Strategien für ein anderes Europa.

Attac engagiert sich seit seiner Entstehung für den Aufbau von europäischen und globalen Netzwerken und Diskussionsräumen der Zivilgesellschaft. Das Weltsozialforum und das Europäische Sozialforum als Orte der kollektiven Diskussion und der Entwicklung von Alternativen durch eine Vielfalt von zivilgesellschaftlichen AkteurInnen sind heute kaum mehr wegzudenken. Auch die Organisation von und die aktive Beteiligung an den Mobilisierungen gegen die G8-Gipfel oder die WTO-Ministertreffen sind zentraler Teil der Strategie. Ohne Attac wäre es nicht zu den breiten und erfolgreichen Kampagnen gegen die EU-Dienstleistungsrichtlinie oder das WTO-Abkommen GATS gekommen. Die Kernstrategie von Attac ist Bildung: Selbstbildung und die Förderung von emanzipatorischen Bildungsprozessen, die Menschen zum eigenständigen Handeln ermächtigen.

Mit diesem Sammelband wollen wir eine breite demokratische Debatte auslösen. Wir wollen frei und grenzüberschreitend darüber diskutieren, welches Europa wir wollen. Wir sehen dieses Buch als einen Beitrag zur Entwicklung einer europäischen Öffentlichkeit. Wir möchten aber auch Vorschläge machen, wie sich engagierte Menschen am politischen Neubau der Europäischen Union aktiv beteiligen können. Denn wir sind überzeugt: Ohne Beteiligung möglichst vieler Menschen wird eine andere EU, eine EU, die die Werte Solidarität, Gerechtigkeit, Nachhaltigkeit und Gewaltlosigkeit ins Zentrum ihrer Politik stellt, nie kommen.

Viele AutorInnen waren oder sind aktiv bei Attac. Ihre Vorschläge und Ideen geben nicht in jedem Detail die Organisationsmeinung von Attac wieder, die große Tendenz ist aber repräsentativ für Attac. Die Visionen prominenter EUropäerInnen stehen für ihre persönlichen Träume und Forderungen – wir haben Menschen aus unterschiedlichen Bereichen eingeladen, ihre Vision einer anderen EU darzulegen, ohne Rücksicht auf vorgebliche »Sachzwänge«, unmittelbare »Durchsetzbarkeit« und kurzfristige »Machbarkeit«. Schon öfter in der Geschichte entstand aus der Kraft der Visionen von heute die reale Politik von morgen.

Dennoch ist der wichtigste Faktor das Engagement jeder und jedes Einzelnen. Nur wenn eine möglichst große Zahl von Menschen ihre demokratische Verantwortung wahrnimmt und sich in den politischen Prozess einmischt, haben wir eine Chance auf Veränderung in Richtung einer lebenswerten EU. Wir laden die Leserinnen und Leser ein, das Haus Europa gemeinsam mit uns neu zu bauen.

Für Attac Österreich
Christian Felber, Martin Rümmele, Alexandra Strickner, Petra Ziegler

ATTACS ALTERNATIVEN FÜR EINE ANDERE EU

1 Mehr Demokratie! Unser demokratisches Europa

Christian Felber

Als der Europasender »Europolis« die Wahlbeteiligung verkündete, stockte ganz Europa der Atem: 98,3 Prozent der Menschen waren zu den Urnen gegangen. Das hatte es in der Geschichte der Europäischen Union noch nicht gegeben: Am Abend des 12. Juni 2012 hatte die EU ihre erste Verfassung. Was war passiert?

Nachdem der »Verfassungsvertrag« 2004 in Frankreich und Holland und danach auch der abgeschminkte »Lissabonvertrag« 2008 in Irland gescheitert waren, hatte der Unmut in den Ländern, in denen die Regierungen den Souveränen eine Abstimmung verweigerten, zur Gründung zahlreicher Bürgerinitiativen geführt, die einen völligen Neustart für das festgefahrene Projekt EU forderten. Was viele Unschlüssige überzeugte: Selbst wenn die Regierungen den Vertrag von Lissabon gegen die Bevölkerungen durchgedrückt hätten – auf dieser Grundlage hätte keine neue EU entstehen können, vielmehr wäre die »alte« zementiert worden. In einem lichten Moment demokratischer Vernunft gründete deshalb ein Kreis von Europaparlamentsabgeordneten, ehemaligen SpitzenpolitikerInnen und Prominenten eine Initiative für die demokratische Direktwahl eines Konvents. Dieser sollte einen völlig neuen Vertrag für die EU ausarbeiten. So ließe sich der festgefahrene Karren EU aus dem Schlamm ziehen, war die Überlegung. Die Vorarbeit war von der Zivilgesellschaft ausgegangen: Attac hatte mit seinen »10 Prinzipien« für eine demokratische EU 2007 einen ersten pro- und paneuropäischen Akzent gesetzt. Aus dem Schoß des Europäischen Sozialforums war eine

Charta für ein anderes Europa entstanden. Die European Referendum Campaign setzte sich für die Mitbestimmung der BürgerInnen ein. Der Verein Mehr Demokratie forderte ebenfalls die Direktwahl eines Konvents, die IG Eurovision und Omnibus einen Bürgerkonvent, der mehrere Entwürfe ausarbeiten sollte – unter aktiver und demokratischer Beteiligung möglichst vieler Menschen.

Die Zivilgesellschaft füllte mit diesen Initiativen eine Lücke, welche die Regierungen offen gelassen hatten. Ihre Kopf-in-den-Sand- und Weiter-wie-bisher-Politik hatte die Kluft zwischen Regierenden und Bürgern beständig vergrößert. Als auch das zweite Referendum in Irland scheiterte, warfen die Regierungen das Handtuch – und ließen das Volk ans Ruder. »Alles Recht geht vom Volk aus« steht im Absatz eins der österreichischen Bundesverfassung, warum sollte es dann nicht jene Personen wählen dürfen, die einen neuen EU-Vertrag ausarbeiten sollten? In Frankreich versteht die politisch interessierte Öffentlichkeit unter Gewaltentrennung, dass nicht nur Parlament, Regierung und Justiz getrennt sein müssen, um einander kontrollieren zu können, sondern auch, dass die »konstituierte Gewalt«, also jene, die gerade an der Macht sind, von der »konstituierenden Gewalt«, also jenen, die ein neues Fundament für ein demokratisches Gemeinwesen entwerfen, zu trennen sei. Sonst machen die Mächtigen die neue Verfassung nach ihrer Fasson – und nicht nach dem Geschmack der souveränen BürgerInnen. Entsprechend wenig hatte den Menschen der Vertrag von Lissabon geschmeckt, der einzige befragte Souverän – der Irlands – schickte den Vertrag zurück an die Absender, andere empfanden ihr Übergangen-Werden als demokratischen Affront.

Also gaben die Regierungen nach. Die Rettung des Projektes EU war ihnen letztlich wichtiger als die Rettung ihres undemokratischen Machtmonopols. Am 1. Dezember 2010 durften 450 Millionen Menschen zunächst ihre VertreterInnen wählen, denen sie am ehesten zutrauten, eine neue Vertragsgrundlage für die EU zu verfassen. Nach einem gemischten Schlüssel wurden pro Mitgliedsland maximal zehn VertretereInnen in den Konvent entsandt. Um eine breite Berücksichtigung der gesellschaftlichen Interessen zu erzielen, wurde in allen Ländern je einer VertreterIn aus den Sektoren Umwelt (Nachhaltigkeit), Friedensbewegung (»Friedensprojekt«) sowie sozialen und entwicklungspolitische Organisationen (»Solidarität und Gerechtigkeit«) ein sicheres Mandat garantiert. Auch PolitikerInnen konnten kandidieren. 50 Prozent der Konventmitglieder mussten Frauen sein. Gewählt wurden prominente Persönlichkeiten, die Volksinitiativen gesetzt hatten, VertretereInnen von BürgerInnenbewegungen, glaubwürdige PolitikerInnen, verdiente GewerkschafterInnen und staatsmännische Unternehmerpersönlichkeiten, denen Verantwortung für das Gemeinwohl zugetraut wurde. Hedgefonds-Manager war kein einziger dabei.

Der Konvent tagte in regelmäßigen Abständen 18 Monate lang, im Unterschied zum »Verfassungskonvent« (2001–2004) hatte nicht der Vorsitz das entscheidende Wort, sondern jede Stimme zählte gleich. Der Konvent tagte nicht in einer »dunklen Dunkelkammer«[1], sondern im Lichte der demokratischen Öffentlichkeit. Weitere »BotschafterInnen« der Zivilgesellschaft wurden formal angehört, damit die Konventsmitglieder in ständiger Verbindung mit den Bevölkerungen blieben. Die Medien berichteten auf eigenen Seiten über die Fortschritte des Prozesses. Anfang 2011 startete der EU-weite Fernsehsender »Europolis« – ein Kooperationsprojekt aller Mitgliedsstaaten – mit der Übertragung der öffentlichen Debatte im und über den Konventsprozess. Regelmäßig wurden VertreterInnen von BürgerInneninitiativen, PolitikerInnen und Intellektuelle aus ganz Europa an runden Tischen versammelt, um die aktuelle Konventsarbeit zu kommentieren. Anfang 2012 waren EU-weit mehr als 300 Buchtitel im Handel, die sich mit der Zukunft der EU beschäftigten, viele davon landeten auf den Bestsellerlisten. In fast allen Gemeinden hatte zumindest eine größere öffentliche Diskussionsveranstaltung zur EU-Verfassung stattgefunden. Welch Unterschied zum Vertrag von Lissabon, den eine Handvoll Juristen des Europäischen Rates unter vollkommenem Ausschluss der Öffentlichkeit (um)geschrieben hatte!

Am Ende kam ein 70-Seiten-Papier heraus, in dem das Zusammenspiel der Institutionen, die Grundrechte, Werte und Ziele der Union niedergeschrieben waren. Über konkrete politische Umsetzungen sagte das Papier nichts – wie eine echte Verfassung eben.

Die Charta der Grundrechte fand sich ganz vorne, unmittelbar nach der Aufzählung der Werte und Ziele der Union. Sie bestätigte alle bisherigen Grundrechtsdokumente und garantierte als erste Verfassung der Welt ausdrücklich das Recht auf materielle Existenzsicherung a) in Form von existenzsichernden und sich am Median orientierenden Mindestlöhnen und b) dem Recht auf Arbeit oder eine Grundsicherung. Die Grundrechte erhielten ausdrücklichen Vorrang vor allem anderen Gemeinschaftsrecht, die EU-Gesetze mussten den Grundrechten dienen und waren diesen untergeordnet. (Eine Zeitung hatte am 1. April 2011 gewitzelt, dass der Konvent gerade darüber beraten würde, ob der freie Kapitalverkehr, wie er im alten EG-Vertrag stand, als soziales Grundrecht anerkannt werden sollte.) Die Grundrechte waren sowohl in den Mitgliedsstaaten als auch auf EU-Ebene individuell einklagbar.

Im institutionellen Teil wurde das Parlament zum zentralen Gesetzgeber aufgewertet. Der Europäische Rat wurde aufgelöst. Stattdessen wurde eine zweite »föderale« Kammer eingerichtet, in die VertreterInnen der Parlamente der Mitgliedsstaaten sowie der europäischen Regionen entsandt wurden. Diese sollten eine »Subsidiaritätskontrolle« ausüben. So konnte die EU ohne breite Zustimmung direkt demokratisch legitimierter VertreterInnen der Mitgliedsstaaten keine Gesetze durchdrücken.

Das Parlament erhielt das Initiativrecht für Gesetze und das Recht, EU-Gesetze auch ohne Zustimmung der EU-Regierung zu verabschieden. Die EU-Regierung ging aus der Kommission hervor. Ihre Mitglieder wurden vom Parlament einzeln direkt gewählt und konnten jederzeit von einer einfachen Mehrheit abgewählt werden. Auch die Bevölkerung erhielt diese Möglichkeit per BürgerInnen-Initiative.

Die konstitutionelle Mitsprache der Bevölkerung war die vielleicht größte Revolution: Das Europäische BürgerInnenbegehren sah vor, dass Initiativen, die von 1 Prozent der EU-BürgerInnen unterschrieben würden, vom Parlament in Ausschuss und Plenum behandelt werden und solche, die von 5 Prozent unterschrieben würden, zu einer EU-weiten Volksabstimmung führen müssten. Damit hatte der Souverän das Recht bekommen, selbst gesetzgeberisch tätig zu werden und seine gewählten Vertreter zu korrigieren, falls diese gegen seinen Willen verstoßen sollten.

Der schwierigste Teil war die Verankerung des Subsidiaritätsprinzips, das besagt, dass höhere politische Ebenen (Bezirks-, Landes-, Bundes- oder EU-Ebene) nur dann zuständig sein sollten, wenn die jeweils niedrigere und bürgerInnennähere Ebene nicht sinnvoll selbst entscheiden könne. Mit Schaudern erinnerten sich die BürgerInnen an die Auswüchse des EU-Zentralismus, der es den europäischen Regionen nicht einmal erlaubt hatte, selbst zu entscheiden, ob sie gentechnisch veränderte Ackerpflanzen anbauen wollten oder nicht: Der »freie Warenverkehr« war den EU-Granden wichtiger gewesen als die Gesundheitsvorsorge, ökologischer Landbau, kulturelle Vielfalt und eben Subsidiarität. Solche undemokratischen Praktiken hatten zum Niedergang der »alten« EU und zu ihrer extremen Unbeliebtheit beigetragen.

Im Subsidiaritätsausschuss wurde heiß diskutiert: Gibt es einen sinnvollen Grund, warum die Agrarpolitik vergemeinschaftet werden sollte? Muss die *Außen*handelspolitik – gleich wie der Binnenhandel – gemeinsam gemacht werden oder sollte hier die nationalstaatliche Souveränität aufrecht bleiben? Der Kompromiss, der erzielt wurde, war ein pragmatischer:

Die Souveräne mussten frei entscheiden, ob sie die Kontrolle über bestimmte Politikbereiche selbst ausüben oder vergemeinschaften wollten. Zusätzlich sollte es Mitgliedsländern möglich sein, aus bestimmten vergemeinschafteten Politikfeldern wieder auszutreten, nicht zuletzt, um einen Vollaustritt aufgrund eines »sektoralen Problems« zu verhindern. Beispielsweise war es den neutralen Ländern wie Österreich und Irland dadurch möglich, sich nicht in die gemeinsame Sicherheitspolitik zu integrieren. Die Parlamentsbeschlüsse würden in diesem Fall nicht für alle EU-Mitgliedsländer gelten.

Das gewichtigste Gegenargument zu dieser Regelung, das sei doch ein »Europa der unterschiedlichen Geschwindigkeiten«, zog nicht. Denn die unterschiedlichen Geschwindigkeiten gab es längst, und das nicht nur bei Schengen und Euro: Der Lissabonvertrag hätte mit der »strukturierten Zusammenarbeit« in militärischen Angelegenheiten und der Ausnahme Polens und Großbritanniens bei den Grundrechten die »EU à la carte« deutlich ausgeweitet – ohne dass es hier jedoch die Souveräne gewesen wären, die diese Entscheidung getroffen hätten!

Allerdings verständigten sich die EU-Staaten in allen Politikbereichen auf die Methode der »verstärkten Koordinierung«. Auf diese Weise kamen auch in den nicht vergemeinschafteten Politikfeldern immer wieder wichtige Einigungen zustande.

In der Sicherheitspolitik verpflichtete sich die EU zur »Abrüstung« und zur Friedenspflicht (im Vertrag von Lissabon war noch die »schrittweise Verbesserung der militärischen Fähigkeiten« aller Mitgliedsstaaten vorgeschrieben gewesen). Militärische Auslandseinsätze waren an ein UN-Mandat gebunden worden und die EU in der Außenpolitik vertraglich verpflichtet, sich für die fortschreitende Demokratisierung der UNO stark zu machen. EU-Mitgliedsländer, welche sich an einem völkerrechtswidrigen Angriffskrieg beteiligten (z. B. gegen den Irak) würde automatisch erlöschen: Das Friedensprojekt hatte endlich seinen Namen verdient. (Und Österreich und Irland hatten einen Grund mehr, sich der gemeinsamen Sicherheitspolitik anzuschließen.)

Die wirtschaftlichen »Grundfreiheiten« – freier Waren- und Kapitalverkehr – fanden sich in der Verfassung nicht als solche wieder. Der freie Kapital- und Warenverkehr fand nur insofern Erwähnung, als die Mitgliedsstaaten die sozialen, arbeitsrechtlichen, steuerlichen und ökologischen Rahmenbedingungen für den Binnenmarkt angleichen mussten, bevor sie wirtschaftliche Freiheiten gewährten. Darüber hinaus durfte jedes Mitgliedsland höhere Standards vorschreiben. Es wurde festgehalten, dass die Wirtschaftsfreiheiten kein Selbstzweck seien, sondern nur Mittel für höherrangige Ziele wie ökologisch nachhaltige Entwicklung, Steuer- und Verteilungsgerechtigkeit, kulturelle Vielfalt oder Gesundheitsvorsorge. Daher konnten diese Freiheiten auch jederzeit zugunsten wichtigerer Politikziele eingeschränkt werden.

Der neue Vertrag schrieb den Wert der Demokratie und Mitbestimmung auch in der Wirtschaft prinzipiell vor. Es wurde nicht mehr hingenommen, dass die Demokratie einerseits als wichtigster Wert der EU verkündet wurde, andererseits die mächtigsten Institutionen dieser Demokratie – transnationale Konzerne – völlig undemokratisch agieren durften. Erschwerend kam hinzu, dass die EU als demokratische Institution weltweit an Glaubwürdigkeit verloren hatte, weil ihre Konzerne weltweit gegen Regierungen klagten und die Rechte anderer Menschen verletzten. Das empfanden viele entrechtete und betroffene Menschen in Drittländern nicht als »Demokratieexport«, sondern als neokoloniales Faustrecht.

Deshalb legte der Vertrag fest, dass die Prinzipien Demokratie und Mitbestimmung auch in der Wirtschaft umfassend umgesetzt werden müssen: Je größer Unternehmen und je umfassender ihr Einfluss auf die Gesellschaft, desto umfangreicher mussten auch die Mitbestimmungsrechte des demokratischen Gemeinwesens auf diese Unternehmen sein. Hier hatte die europäische Öffentlichkeit aus der Insolvenz der großen US-Autofirmen eine Lehre gezogen: Solange es den Unternehmen gut gegangen war, durfte die Allgemeinheit nicht mitbestimmen, obwohl sie sich mehrheitlich eine Umkehr von Spritfressern zu ökologischeren Mobilitätslösungen gewünscht hatte; im Krisenfall wurde plötzlich die Allgemeinheit zur Kasse gebeten. Solchen Ungleichgewichten wurde durch Mitspracherechte vorgebeugt. Bei den Mikrounternehmen war das nicht nötig, da sie über keine demokratiegefährdende Macht verfügen, hier erlaubte das Prinzip der »Gewaltentrennung« Privateigentum an Produktionsmitteln: Macht muss nur dann geteilt werden, wenn sie zu groß wird.

Im gleichen Geist wurden strenge Regeln zur Zurückdrängung des Lobbyismus erlassen: Alle LobbyistInnen mussten AuftraggeberInnen und Geldsummen offenlegen. Um die Institutionen in Brüssel wurde eine Lobbyismus-Bannmeile gelegt. EU-PolitikerInnen durften zehn Jahre vor Amtsantritt in keinem transnationalen Konzern eine entscheidende Position innegehabt haben und zehn Jahre nach Amtsende nicht im Lobby-Geschäft tätig werden.

Das Prinzip der Demokratisierung galt auch für die Außenpolitik. Die EU wurde per Vertrag verpflichtet, sich für die Demokratisierung von Weltbank, Währungsfonds und UN-Sicherheitsrat einzusetzen. Es sei mit dem demokratischen Prinzip unvereinbar, wenn globale Organisationen ihrerseits nicht demokratisch organisiert seien, das entspräche der Gewalt des Stärkeren, aber nicht der Demokratie. Zusätzlich zu den RegierungsvertreterInnen sollten VertreterInnen von Parlamenten und der Zivilgesellschaft in globalen Gremien Mitbestimmungsrechte erhalten, um den demokratischen Prozess so breit wie möglich anzulegen und die Konzentration von Macht bei den Exekutiven zu verhindern.

Über das 70-seitige Ergebnis des Konvents durften die Souveräne – und niemand anderer – befinden. Das war nur logisch und konsequent, denn in EU-weiten Abstimmungen mussten sich überstimmte Souveräne der Mehrheit fügen. Die Entscheidung über die Abgabe von Souveränitätsrechten konnte jedoch nur vom Souverän selbst getroffen werden. Mit dieser Entscheidung und mit EU-weiten Volksabstimmungen entstand ein EU-Souverän und damit – nach mehrheitlicher Auffassung von Rechtsexperten – auch ein EU-Staat. Allein dieses Wort ließ bei vielen Unbehagen aufkommen. Doch da die Entscheidung darüber, welche Kompetenzen diesem EU-Staat übertragen würden, den Bevölkerungen selbst vorbehalten blieben und weil der neu entstehende EU-Souverän das letzte Wort in allen politischen Entscheidungen erhielt – gegenüber den »Brüsseler Institutionen« –, legten viele ihre Ängste ab und konnten diesem demokratischeren Konstrukt etwas abgewinnen. Zudem hatten der demokratische Konvent und die damit einhergehende intensive Debatte aus zahllosen Menschen in allen Mitgliedsländern gewachsene EuropäerInnen gemacht; die EU war von etwas Kaltem und Anonymem zu etwas »Eigenem« geworden.

Mit großer Spannung wurde also der 12. Juni 2012 erwartet. Alle Souveräne waren zeitgleich aufgerufen, über das Endpapier des Konvents zu befinden. Schon am Vormittag bildeten sich vor den Wahllokalen Schlangen, wie sie die EU-Öffentlichkeit noch nie gesehen hatte. Am Abend stand nicht nur die einzigartige Wahlbeteiligung fest, sondern auch eine Sensation: Im Land, in dem sich der geringste Teil der Bevölkerung für die neue Verfassung aussprach, stimmten 60,4 Prozent der Bevölkerung für den Vertrag. In vielen Ländern wurden 70 und in einigen über 80 Prozent Zustimmung erreicht. Kein Wunder: Die EuropäerInnen waren stolz auf »ihren« Vertrag. Sie waren es, die die Konventsmitglieder persönlich gewählt hatten; sie waren es, die zu den fachlichen Anhörungen zusätzlich geladen waren; sie waren es, die sich an Tausenden öffentlichen Diskussionen über den Vertrag in Städten und Gemeinden beteiligt hatten, und sie waren es, die in EU-weiten Fernseh- und Radiodiskussionen mitsprechen durften und gehört wurden.

Der 12. Juni 2012 ging als Sternstunde der Demokratie in die europäische Geschichte ein.

Und jetzt ging es erst richtig los: Die erste BürgerInneninitiative verbannte 2015 die Gentechnik aus der EU. Der EU-Verfassung hatte sich nicht über die konkrete Technik ausgesprochen, sondern lediglich das Ziel einer ökologisch nachhaltigen, kleinteiligen und gesunde Nahrungsmittel produzierenden Landwirtschaft festgelegt. Die Umsetzung dieser Prinzipien blieb der demokratischen Auseinandersetzung überlassen – die von der Bevölkerung gesucht wurde, als das EU-Parlament weiterhin auf Eiertanzkurs blieb, um Monsanto und die USA bei Laune zu halten. Nicht mit der Bevölkerung: Alle Patente auf Lebewesen wurden zurückgenommen, ein Moratorium auf unbestimmte Zeit verhängt.

Eine zweite Initiative führte zum Auslaufen der Kernenergie, eine dritte verwandelte die bereits liberalisierten Kommunikationsdienste in eine »demokratische Allmende«: Ein EU-weites öffentliches Unternehmen für Bahn-, Post-, Telekom- und Internetdienste wurde geschaffen, dessen Gremien direktdemokratisch gewählt und der Bevölkerung für diese spezifische Aufgabe direkt rechenschaftspflichtig wurden.

Die Voraussetzung dafür war im EU-Vertrag geschaffen worden: Das Konzept des »öffentlichen Gutes« wurde in den EU-Rechtsbestand aufgenommen und vom Wettbewerbs- und Vergaberecht ausgenommen. Hinzu kam der neue Aspekt der Wirtschaftsdemokratie.

Da die NutzerInnen, Beschäftigten und ein Gender-Gremium sowie eine UmweltanwältIn in den Leitungsgremien dieses EU-Kommunikationsdienstleisters gleichberechtigt mitbestimmen durften, verbesserten sich Beschäftigungsbedingungen, Servicequalität und Verteilungswirkung gegenüber dem liberalisierten Markt, aber auch gegenüber den ehemals obrigkeitsstaatlich-öffentlichen Betrieben.

Mit dieser »demokratischen Allmende« wurde das Vertrauen der Menschen in die Europäische Union zusätzlich gestärkt. Bei den Umfragen, was die BürgerInnen am meisten schätzten, wurden Verfassung, BürgerInnenbeteiligung und demokratische Allmenden regelmäßig an erster Stelle genannt.

Die EUropäerInnen waren nicht länger auf ihre »größte globale Wettbewerbsfähigkeit« stolz, sondern auf ihre gelebte Demokratie.

Das vierte BürgerInnenbegehren führte zur gesetzlichen Begrenzung der Einkommensungleichheiten auf das maximal 30-Fache.

Literatur

Efler Michael / Häfner Gerald / Vogel Percy: »Demokratie in der europäischen Union. Kritik und Alternativen«, Broschüre von Mehr Demokratie e. V., 86 Seiten, München, März 2007

Viotto Regina / Fisahn Andreas (Hrsg.): »Europa am Scheideweg. Kritik des EU-›Reformvertrags‹«, VSA-Verlag, Hamburg 2008
Darin: Felber Christian: »Die politische Diskussion über den EU-Reformvertrag in Österreich«, S. 147–163

Felber Christian: »50 Vorschläge für eine gerechtere Welt. Gegen Konzernmacht und Kapitalismus«, 7. Auflage, Deuticke 2006

1 Aufgrund der undemokratischen Geschäftsordnung hatte der luxemburgische Ministerpräsident Jean-Claude Juncker über den Verfassungskonvent gesagt: »Ich habe noch nie eine dunklere Dunkelkammer gesehen als den Konvent.« Der Spiegel, 16. März 2003.

2 Soziale Sicherheit!
Unser soziales Europa

Sepp Wall-Strasser

Die Ausgangsbasis – ein Rückblick aus dem Jahr 2030

Bis zum großen Crash 2008/09 ruhte sich Europa auf dem Rücken anderer Länder, vor allem der schwächsten dieser Erde, aus. Innerhalb des eigenen Staatenbundes benutzte es die neuen Beitrittsländer Mittel- und Osteuropas quasi als neokoloniales Hinterland. Gegenüber den sogenannten Ländern des Südens schottete man sich – wo es nützlich war – protektionistisch ab und zwang ihnen gleichzeitig eine marktliberale Deregulierung als universal gültiges und verpflichtendes Freiheitsrecht auf. Auch wenn der europäische Integrationsprozess ohne Zweifel als einer der erfolgreichsten Friedensprozesse in die Geschichte eingehen wird, so ist festzuhalten, dass dieser in den Zeiten der Hochkonjunktur des Neoliberalismus eher trotz als wegen der damals herrschenden Wirtschaftsphilosophie geglückt ist.

Wirtschafts- und sozialpolitisch leistete sich die EU eine inkonsequente und inakzeptable Situation: Die Vorschriften, die dem Kapital dienlich waren, wurden einheitlich geregelt, jene für Steuern und Soziales überließ man den einzelnen Nationalstaaten. Allerdings durften nationale Gesetze nicht den übergeordneten – von den neoliberalen Architekten gezimmerten – widersprechen.

Innerhalb der EU spezialisierten sich dann manche Länder, allen voran Deutschland, darauf, durch Lohn- und Sozialdumping andere (Mitglieds-)Staaten mit ihren Exportüberschüssen auf dem Weltmarkt auszubremsen, anstatt durch Ankurbelung der Inlandsnachfrage für das Wohl ihrer eigenen Bevölkerung zu sorgen.

Ab Mitte der 1980er war es mit dieser Wirtschaftsphilosophie im Herzen Europas sozial bergab gegangen. Vor allem Deutschland und Österreich setzten auf Lohnzurückdrängung, Rationalisierung, Exporte. Die Lohnerhöhungen blieben weit unter dem Niveau des Produktivitätsfortschrittes, die Gewinne wurden weder in Form von angemessenen Löhnen noch in Form von Arbeitszeitverkürzung weitergegeben. Die Lohnquote, also jener Teil des gesamten Volkseinkommens, der auf Löhnen und Gehältern und nicht auf Gewinnen, Miet- und Pacht- sowie Kapitalerträgen beruht, ging in vielen EU-Ländern zum Teil drastisch zurück.

Dies war Ursache gleich mehrerer Übel. Zum einen kamen die Gewerkschaften dadurch immer mehr ins Hintertreffen und wurden unattraktiver für die Beschäftigten, weil sie kaum noch nennenswerte Erfolge in der Lohnpolitik vorweisen konnten. Sie verloren so immer mehr Mitglieder, was in einem Teufelskreis wiederum zur Folge hatte, dass noch mäßigere Lohnrunden abgeschlossen wurden. Zum anderen trat aber vor allem eines nicht ein, was marktradikale Vertreter den Regierungen immer wieder weismachen wollten: Europa könne im internationalen Wettbewerb nur bestehen, wenn es die Arbeitskosten radikal senken würde, nur Lohnverzicht sichere Arbeitsplätze. Das Gegenteil war der Fall. Mit Beginn dieser Politik stieg in allen Ländern der EU die Arbeitslosigkeit massiv an, ideologisch gerechtfertigt durch die Lehre der »natürlichen« Arbeitslosigkeit.

Das hatte auch gesellschaftspolitisch fatale Auswirkungen. Denn die steigende Arbeitslosigkeit und die sinkenden Einkommen waren die Basis, auf der Ausländerfeindlichkeit massiv geschürt werden konnte. Damit war Zwietracht vorprogrammiert. In einer europäischen »Gemeinschaft«, in welcher etwa Polen, Rumänien, Ungarn, Bulgarien längst Mitgliedsstaaten der EU waren, wurden deren Bewohner nicht sofort als BürgerInnen des gleichen politischen Gebildes begriffen. Stattdessen behandelte man sie nach wie vor als die feindlichen AusländerInnen von einst. Die Vernebelungsstrategie wirkte in einer heutzutage kaum mehr zu begreifenden Weise.

Und sie spaltete die europäische Gemeinschaft, sehr zur Freude der die Wirtschaft dominierenden Macher. Zu welchen absurden Situationen dies führte, war am Beispiel der Gesundheits- und Pflegesituation zu beobachten. Mittel- und westeuropäische Mitgliedsstaaten taten um diese Zeit viel zu wenig für Aus- und Weiterbildung. Und obwohl ein erhöhter Bedarf bei der Kranken- und Altersvorsorge (auch aufgrund der demografischen Entwicklung) für alle klar ersichtlich war, wurden auch in diesem Bereich viel zu wenig Fachkräfte und diese auch zu mangelhaft ausgebildet. Also herrschte hier ein großer Arbeitskräftemangel. Flugs kam man darauf, dass in den benachbarten ehemaligen Oststaaten hervorragend ausgebildete Krankenschwestern, ÄrztInnen, PflegehelferInnen bereitstanden. Man ersparte sich die Ausbildungskosten, holte diese herein und nahm in Kauf, dass im eigenen Lande hohe Arbeitslosigkeit herrschte. Gleichzeitig höhlte man damit die Gesundheitsversorgung in manchen Regionen Polens, Tschechiens, der Slowakei bis Rumänien und Litauen aus, teilweise entstand dort ein regelrechter Pflegenotstand.

Was also tun?

Drei Problembereiche waren es letztlich, die mit dem Beginn des 21. Jahrhunderts die Schieflage im Bereich des Sozialen so augenfällig machten, dass eine soziale Wende in Europa und ein wirklich qualitativer Neubeginn möglich wurden:

- Die Gleichheitsproblematik: Sollte ein Europa auf Dauer mit diesen riesigen sozialen und wirtschaftlichen Spannungen bestehen oder konnte es sich als ein Staat begreifen? Europapolitik musste zur »Innen«-Politik werden.
- Das Mitbestimmungsproblem: Wie lange konnte ein Europa, welches sich als eine Wiege der sozialen Demokratie verstand, den Widerspruch zwischen Anspruch und

Wirklichkeit in der Realverfassung leben, wenn es von demokratiefreien Zonen nur so strotzte? Demokratie in allen Lebensbereichen als die der menschlichen Würde zustehende Sozialform und ihr zustehendes gutes Recht und nicht Gnade war gefordert.

- Die Eigentumsfrage: Eine Neuproblematisierung der Grenzen des Privateigentums, eine lange Tradition in der europäischen Ethik und Sozialgeschichte, nach dem Grundsatz »privat ist nicht gleich sozial« musste in Angriff genommen werden.

Europapolitik ist Innenpolitik – Sozialpolitik ihr Motor

Hätte man die Konstruktion der EU laut der Einheitlichen Europäischen Akte der 80er- und 90er-Jahre des vorigen Jahrhunderts auf die Nationalstaaten umgelegt, hätte das bedeutet, dass etwa Deutschland oder Österreich duldeten, dass in einem Bundesland die 45-Stunden-Woche, in einem anderen die 38-Stunden-Woche gegolten hätte, dass man in einem drei, in dem anderen sechs Wochen Urlaub gehabt hätte und so fort. Oder: es hätte bedeutet, dass in einem Département in Frankreich Unternehmen nur 7 Prozent, in einem anderen 18 Prozent Sozialversicherungsabgaben zu zahlen hätten.

Diese Absurdität wurde immer mehr Menschen bewusst und sie machte Gewerkschaften und verantwortungsvollen SozialpolitikerInnen immer mehr klar, dass es radikaler Änderungen in der Sozial- und Tarifpolitik bedurfte. Aufgrund des Drucks mehrerer Interregionaler Gewerkschaftsräte, die sich 2012 in einer Petition an den Europäischen Gewerkschaftsbund (EGB) in Brüssel wandten, entstand eine gesamteuropäische BürgerInneninitiative mit dem Slogan: »Europapolitik ist Innenpolitik – Sozialpolitik der Motor!« Diese Sichtweise ermöglichte eine kopernikanische Wende in der europäischen Sozialpolitik. Innerhalb kurzer Zeit wurde die magische Zahl von einer Million UnterzeichnerInnen erreicht, was die bislang erfolgreichste europäische BürgerInneninitiative bedeutete.

Mehrere VertreterInnen dieser europäischen Initiative, getragen von zahlreichen Gewerkschaften, NGOs und kirchlichen Institutionen, wurden daraufhin in den Verfassungskonvent gewählt. Dort setzten sie folgende Zielbestimmungen und Regeln für das neue soziale Europa durch:

- Es wurde explizit klargestellt, dass die Grundrechte – wie in der Europäischen Konvention der Menschenrechte, in der Europäischen Sozialcharta und in der Europäischen Übereinkunft zur Sozialen Sicherheit festgelegt – Vorrang vor allem anderen EU-Primär- und Sekundärrecht erhalten. Sie mussten von nationalen und europäischen Gerichten durchgesetzt werden. Damit wurde vor allem dem ungeheuren Liberalisierungs- und Deregulierungsdruck ein Riegel vorgeschoben. Vorfälle wie jene, dass Streiks verboten werden konnten, weil sie dem Prinzip des freien Handels widersprächen, wurden dadurch verhindert.
- Im Bereich einer gemeinsamen europäischen Sozialpolitik ging man nach einem Zwei-Phasen-Modell vor: Zunächst einigte man sich rasch auf die Einführung und rigorose Überwachung des Korridormodells. Dieses Modell basiert auf der Beobachtung des deutschen Politikwissenschafters Klaus Busch, dass die Wirtschaftsleistung der europäischen Staaten mit einer hohen Bestimmtheit korrespondiert mit den Ausgaben für Soziales, der Sozialleistungsquote. Das heißt, dass ein Land, je reicher es ist, auch umso mehr für Gesundheits-, Invaliditäts- und Altersversorgung, für Familien- und Arbeitslosenunterstützung ausgibt, sowohl relativ als auch absolut. Man unterteilte daher die EU-Mitgliedsstaaten in drei verschiedene Gruppen – »Korridore« –, innerhalb welcher die gleichen Sozialleistungsquoten vorgeschrieben waren. Stieg die Produktivität bzw. Wirtschaftsleistung eines Landes innerhalb der EU an (was ja Ziel und auch beobachtete Folge einer Mitgliedschaft in

der Union war), so wechselte es »automatisch« in einen höheren Korridor mit Verpflichtung zu höheren Sozialleistungen. Damit konnte kein Land mehr durch Sozialdumping einen Wettbewerbsvorteil herausschlagen. Gleichzeitig wurde auch kein Mitgliedsland bzw. neues Beitrittsland mit niedrigeren Sozialleistungsquoten durch zu rasche Anhebung von Sozialleistungen überfordert. Für die Übergangszeit behielt jedes Mitgliedsland – auch bei einem Abstieg in einen niedrigeren Korridor – selbstverständlich das Recht, seine höheren Standards beizubehalten. Für diesen Fall standen Zahlungen aus einem neu geschaffenen Europäischen Sozialfonds zur Verfügung, der sich unter anderem aus Strafzahlungen bei Vergehen gegen die Maastricht-II-Regeln (siehe unten) speiste. Dieses Modell war der erfolgreiche Einstieg in die zweite Phase, die in der Festlegung einer gemeinsamen Sozialleistungsquote bestand. Ab 2020 war man so weit und die noch bestehenden geringen Unterschiede konnten durch ein Ausgleichszahlungsmodell innerhalb der Mitgliedsstaaten ausgeglichen werden:

- Soziale Sicherungssysteme wie Pensionen, Gesundheitsvorsorge und Arbeitslosengeld mussten öffentlich auf der Grundlage der Prinzipien der Gleichheit, der Solidarität und eines menschenwürdigen Lebensstandards organisiert und finanziert werden, der Zugang zu diesen musste für alle im EU-Raum Lebenden gesichert sein.
- Fairer Handel musste Vorrang vor »Freihandel« erhalten. Die Europäische Union beschloss für sich, keinen »Freihandel« mehr mit Ländern zu praktizieren, die keine vergleichbaren Sozial-, Arbeits-, Steuer- oder Umweltstandards haben. Sie torpedierte damit endgültig die Anstrengungen der WTO alter Schule, Freihandel als das oberste Gesetz und Ziel anzusetzen, und leistete somit einen wesentlichen Beitrag zur weltweit verbindlichen Durchsetzung der ILO-Kernarbeitsnormen. Diese sehen Vereinigungsfreiheit und das Recht auf Kollektivverhandlungen, die Beseitigung von

Zwangsarbeit, die Abschaffung der Kinderarbeit und das Verbot der Diskriminierung in Beschäftigung und Beruf vor.

- Auch innerhalb der Union lenkten ehrgeizige europäische Sozial-, Steuer- und Umweltregeln die Bewegung von Dienstleistungen, Gütern und Kapital.
- Kollektivverträge als gesamteuropäische Verträge: Kollektivverträge tragen diesen Namen nur dann zu Recht, wenn sie für alle ArbeitnehmerInnen einer gleichen Branche für alle Mitgliedsländer Geltung haben. Was von der Logik des Begriffes her allen verständlich erscheint, war zunächst kaum durchzusetzen. Die Erkenntnis aber, dass verschieden hohe Arbeitsstandards und Lohnniveaus extrem wettbewerbsverzerrend sind, brachte den gesamteuropäischen Wirtschaftsverband zur Zustimmung zu transnational gültigen Tarifverträgen. Und in der Tat gelang es dann in Konzernen, die in mehreren Mitgliedsstaaten tätig waren, erste europäische Kollektivverträge abzuschließen.
- Neubestimmung sozialer Sicherheit und Gerechtigkeit. Der Wert der sozialen Sicherheit wurde global definiert – die alte Weisheit, dass Gerechtigkeit ein anderer Name für Friede ist, wurde Leitlinie der EU-Außenpolitik. Die europäischen Sozialminister sprachen von einer inklusiven Solidarität. Während der bisherige Diskurs in Sozialfragen innerhalb der EU von Abgrenzung und der Angst, »Netto-Zahler« zu sein oder zu werden, geprägt gewesen war, sprach der neue Leitbegriff der »inklusiven Solidarität« sowohl die gesamteuropäische Perspektive an (also: Welche Maßnahmen haben welche Auswirkungen auf den gesamten EU-Raum?) als auch die Auswirkungen auf Nachkommen und Umwelt.

Vom Kopf auf die Füße gestellt: Maastricht II

Ein neuer Vertrag von Maastricht – Maastricht II – wurde geboren. Dieser korrigierte den fatalen Irrweg von Maastricht I und ermöglichte in der Folge weitere historische Durchbrüche:

- Nicht mehr Geld(mengen)politik stand im Zentrum des Interesses, sondern diese wurde eingebettet in eine umfassende Wirtschafts-, Fiskal- und Beschäftigungspolitik.
- Kern dieser Neuausrichtung der Politik waren eine gemeinsame Steuerpolitik mit einheitlichen Mindeststeuersätzen sowie neue Vorgaben für die Europäische Zentralbank mit den Kriterien Beschäftigung und Stabilisierung der Realwirtschaft. Das beinhaltete auch Konjunkturpolitik und Beschlüsse von koordinierten Konjunkturmaßnahmen »auf Vorrat«, die jeweils in Kraft gesetzt werden können, wenn die Situation es erfordert. Damit hatte man aus der großen Finanz- und Weltwirtschaftskrise von 2008/09 gelernt und damit wurde das Sich-gegenseitig-Konkurrenzieren und zum Teil Konterkarieren durch die verschiedene Politiken der Mitgliedsstaaten abgestellt.
- Zur Absicherung dieser Ziele installierte die Kommission eine Art Weisenrat. Die VertreterInnen in diesem Weisenrat setzten sich aus einem Drittel ArbeitgebervertreterInnen, einem Drittel ArbeitnehmerInnen und einem Drittel VertreterInnen von NGOs zusammen und unterstützten die Kommission bei der Umsetzung von Maastricht II. So wie in früheren Jahren peinlich auf die Einhaltung der Maastricht-I-Kriterien geachtet worden war, kam nun erstmals eine gewaltige Dynamik in Richtung Sozialunion in Gang.
- Kollektive Aktionen zwangen die Arbeitgeber, sich gesamteuropäisch zu vertragsfähigen Organisationen zusammenzufinden, und so gelang es, die Lohnverhandlungen für Unternehmen mit Betriebsstätten in mehreren

Mitgliedsstaaten zunehmend auf die Brüssel-Ebene zu verlagern.

- Ein bahnbrechendes neues »Gesamteuropäisches Arbeits- und Betriebsverfassungsgesetz« wurde beschlossen, welches das Zusammenspiel von ArbeitnehmerInnen-Interessenvertretung, KapitalvertreterInnen und Vertretern anderer wichtiger Stakeholder wie beispielsweise die öffentliche Hand, KonsumentInnen, NGOs neu regelte. Kernpunkt war dabei eine Bestimmung, die besagt, dass sowohl Produktentscheidungen, Arbeits- und Produktionsbedingungen als auch Veranlagungen, Investitionen und Gewinnaufteilung immer einer Zweidrittelmehrheit im Aufsichtsrat bedürfen. Damit hatten die Kapitalvertreter nicht mehr die alleinige Bestimmungs- und Verfügungsmacht im Konzern, was bei den meisten Modellen bisheriger ArbeitnehmerInnen-Vertretungsmodelle in Europa de facto der Fall gewesen war. Ebenso mussten aber auch ArbeitnehmervertreterInnen Anliegen anderer Interessengruppen – etwa AnrainerInnen oder Umweltgruppen – berücksichtigen, wenn sie nicht Gefahr laufen wollten, dass diese mit dem Management stimmten. Beginnend bei der Europäischen Aktionsgesellschaft, den Banken und Konzernen ab einer gewissen Größe, wurde in einem Stufenplan festgelegt, bis wann dieses Gesetz in allen Bereichen umgesetzt werden musste.
- Damit hatte auch der lange und zähe Kampf um die Anerkennung und Ausweitung der Rechte des Europäischen Betriebsrates sein vorläufiges Ende erreicht: Er wurde zu einem Kollektivorgan einer länderübergreifenden Mitbestimmung der europäischen ArbeitnehmerInnen.
- Die Höchstarbeitszeit richtete sich nach der Produktivität der einzelnen Mitgliedsländer. So gelang es, die EU-weite Höchstarbeitszeit auf 32 Stunden zu reduzieren, in den meisten Mitgliedsländern wurden jedoch Vereinbarungen – sei es auf generalkollektivvertraglicher Ebene oder auf-

grund gesetzlicher Maßnahmen – getroffen, die eine 28-Stunden-Woche vorsehen. Allerdings waren dies nur die gesetzlichen Richtlinien, denn in Wahrheit ermöglichten vielfältige Arbeitszeitregelungen jede Menge an flexiblen ArbeitnehmerInnen-orientierten Arbeitszeitvereinbarungen. Das Modell der ArbeitnehmerInnen-orientierten Variablen Arbeitszeit (ANOVAZ) wurde als Leitprinzip bei Tarifverhandlungen anerkannt. Hervorzuheben sind die mannigfaltigen Weiterbildungsmodelle, die dabei entwickelt wurden. Nach dem Motto »Bildungszeit ist Arbeitszeit!« hatte so jede ArbeitnehmerIn auf Antrag das Recht, eine nächsthöhere berufliche Qualifikation zu erwerben, wobei die Kosten in der Regel zwischen Arbeitsamt und Betrieb aufgeteilt wurden. Für die für den Besuch der Bildungsmaßnahmen nötige Arbeitszeit haben die Beschäftigten ein Anrecht auf Bildungsfreistellung.

- Es kam zu einer koordinierten Lohnpolitik auf europäischer Ebene. Jeder Lohnabschluss musste sich an der Produktivität der Region/des Mitgliedslandes ausrichten, da man allseits überzeugt war, ein Lohnabschluss unter der Produktivität schädige die gesamte Gemeinschaft. Ein krasses Abgehen von dieser Richtlinie hatte nunmehr das Einschreiten einer Wettbewerbsbehörde zur Folge und konnte mit Strafzahlungen an den neu geschaffenen Europäischen Sozialfonds geahndet werden.
- Als soziales Grundsicherungsmodell einigte man sich auf das existenzsichernde ergänzende Grundeinkommen. Dieses besagt, dass man grundsätzlich bei den in den einzelnen Ländern bestehenden Sozial(versicherungs)modellen bleibe, man aber für all jene Personen – egal, ob erwerbslos, in Rente, Krankenstand oder Karenz – eine ergänzende Ausgleichzahlung vorsehe, damit diese das in dem jeweiligen Land vereinbarte Mindesteinkommen erhalten. Maßstab für dieses Mindesteinkommen wurde das mittlere Haushaltseinkommen.

- Um willkürliche Standortverlagerungen zumindest zu erschweren, wurden für multinationale Konzerne Verlagerungserschwernisse eingeführt. Neben der Klärung des Erhalts öffentlicher Förderungen und der etwaigen Rückzahlung derselben wurden die Unternehmen für den Fall einer Abwanderung zu weitreichenden Sozialplänen verpflichtet. Dies hatte eine enorm stabilisierende Wirkung.
- Die Netto-Ersatzrate beim Arbeitslosengeld wurde EU-weit auf 100 Prozent des Aktivlohnes bei Kündigung durch den Arbeitgeber festgelegt, bei Selbstkündigung auf 80 Prozent. Die Bezugsdauer wurde verpflichtend auf mindestens 24 Monate ausgedehnt.
- Von einer steuerlichen Begünstigung bzw. Förderung von Privatpensionen wurde EU-weit wieder abgegangen. Im Gegenteil, man war bemüht, positive Dynamiken im Pensionsbereich auszulösen, indem man ArbeitnehmerInnen, welche länger als zehn Jahre in verschiedenen Mitgliedsländern beschäftigt waren, die Wahl des für sie jeweils günstigsten Pensionssystems zugestand. Umlageverfahren im Pensionssystem wurden wieder stark ausgebaut und die Finanzierung durch eine Ausweitung der Beitragsgrundlage auf die Wertschöpfung, eine Ausschöpfung der staatlichen Zuschüsse, eine Beitragsumschichtung und Systemharmonisierungen sichergestellt. Basis dafür war nicht zuletzt auch die während der Finanzkrise im Jahr 2008 selbst für Befürworter eines kapitalgedeckten Pensionssystems gemachte Erkenntnis, dass solche Systeme nicht funktionieren und die Abhängigkeit von Finanzmärkten enorme Risiken birgt. Das kapitalgedeckte System erwies sich als risikoreicher, teurer und unsozialer, weil sich bestimmte Bevölkerungsgruppen wie Kranke, Arbeitslose, GeringverdienerInnen und Kinder erziehende und/oder schlecht verdienende Frauen private Systeme schlicht nicht leisten konnten. Weil im langfristigen Durchschnitt die Aktienkurse (als Spiegel der Firmengewinne) nicht schnel-

ler wachsen können als die Wirtschaft – und die wuchs bis 2009 im langjährigen Durchschnitt seit Ende des Zweiten Weltkrieges um 2 Prozent – waren die von den privaten Pensionsversicherern in Aussicht gestellten 8 Prozent Rendite – langfristig und flächendeckend – nicht realistisch. Sie konnten nur durch budgetäre Zuschüsse wie Steuererleichterungen erreicht werden: Geld, das in den öffentlichen Umlageverfahren fehlte.

Demokratie statt Börse oder: Von der bürgerlichen zur sozialen Demokratie

Die Ausgangsbasis für soziale Demokratie war nach 30 Jahren Neoliberalismus eine denkbar schlechte. Um darzustellen, was den Kern des Kampfes um ein soziales Europa ausmachte, ist es nötig, an dieser Stelle etwas weiter in die Geschichte der sozialen Errungenschaften zurückzublicken.

Jenes Stück Demokratie, welches die bürgerlichen Revolutionen des 18. und 19. Jahrhunderts errungen hatten, bezog sich immer auf die bürgerlichen Rechte; wirtschaftliche und betriebliche Demokratie waren nie Teil der Forderungen der bürgerlichen Freiheitskämpfe. Erst die soziale Revolution des ausgehenden 19. Jahrhunderts griff diese Frage auf, denn die Erfahrung war eine sehr bittere. Das Proletariat fragte sich, was es denn von Presse- und Versammlungsfreiheit, von der Religionsfreiheit etc. wirklich habe, wenn ein hoher Prozentsatz der Kinder und Mütter die ersten zwei Jahre nach der Geburt nicht überlebte, wenn die Lebenserwartung der Männer in manchen Industrieregionen bei 29 Jahren lag etc. Daher galt Lacordaires berühmt gewordener Satz »Zwischen dem Schwachen und dem Starken ist es die Freiheit, die unterdrückt, und das Gesetz, das befreit« als Kompass für die Weiterentwicklung demokratischer Mitbestimmung von Wirtschaft und Gesellschaft.

Ende des Ersten Weltkrieges war es in den meisten mittel- und westeuropäischen Ländern so weit, dass als Kompromiss zum Sowjetsystem und den Räteregierungen eine Reihe von Sozialgesetzgebungen erlassen wurden, die bis heute im Wesentlichen ihre Gültigkeit haben. Neben der mehr oder weniger flächendeckenden Einführung von Kranken-, Unfall- und Pensionsversicherungssystemen, der Etablierung von Arbeitnehmerschutzbestimmungen usw. gehörten die Beschlussfassungen von Arbeits- und Betriebsverfassungsgesetzen mit der Schaffung von Betriebsräten zu den bahnbrechenden Errungenschaften dieser Zeit.

Diese Revolution blieb allerdings in den Kinderschuhen stecken. Die betriebliche Mitbestimmung entpuppte sich – gerade im neoliberalen Zeitalter – immer mehr als zahnlose Anhörungs- und Konsultationsübung ohne echte Entscheidungsmacht. Wirtschaftliche Mitbestimmung hatte daher nie wirklich Einzug gehalten in die demokratischen Verfassungen Europas. Eine Konzeption von Demokratie jedoch, die auf die Einflussnahme auf eine der entscheidendsten Determinanten des gesellschaftlichen Lebens – und das ist nun einmal die Ökonomie – verzichtet, ist bestenfalls eine Scheindemokratie.

Dazu kam, dass jenes Modell, welches die Lenkung der Wirtschaft durch Beteiligung der ArbeitnehmerInnen durch Aneignung der Produktionsmittel lösen wollte – der sogenannte real existierende Sozialismus – dies mit zunehmender Entdemokratisierung bis hin zur Selbstaufgabe in diktatorischen Regimes versuchte und letztlich dramatisch scheiterte. Dieses Scheitern des »anderen« Modells machte es für jene, die weiterhin am Ausbau von Sozialem und Demokratie arbeiteten, lange Zeit fast unmöglich, die herrschende bürgerliche Demokratie von ihrem Ansatz her zu kritisieren. Das Ende des Sowjetmodells war für viele der Beweis, dass soziale Demokratie, also demokratische (Mit-)Bestimmung in zentralen Fragen des Wirtschaftsprozesses nicht möglich ist. Das konnte jedoch nicht das Ende sein. Politik und Demokratie sind in erster Linie dazu da, Wirtschaft so zu gestalten, dass sie den Menschen – und möglichst allen Menschen – zugutekommt. Dies gilt für die unerlässliche ökologische Gestaltung ebenso wie für die Frage nach einer Umverteilung nach sozialen Kriterien.

Der Siegeszug der neoliberalen Idee hatte letzte Reste bzw. die einzigen Ansätze politischer und demokratischer Mitgestaltungsformen von Wirtschaft, Geldlenkung und Zinspolitik ausgehöhlt. Übrig geblieben war ein geradezu fundamentalistischer Glaube an die Selbstregulierung des Marktes, in all ihren primitiven und gefährlichen Ausformungen.

Ein erstes Aufhorchen gab es, als immer mehr gesellschaftspolitische Gruppen in den 1990ern mit systemkritischen Bemerkungen an die Öffentlichkeit traten. Als Jean Ziegler, der damalige UNO-Sonderberichterstatter für das Recht auf Nahrung, in seinem Buch *Imperium der Schande* angesichts der Aushebelung von demokratischen BürgerInnenrechten durch Konzerne wie Nestlé von der »Refeudalisierung der Welt« schrieb, wurden immer mehr Leute argwöhnisch und begannen zu mutmaßen, dass es eine Kraft hinter den vier Grundfreiheiten des Binnenmarktes gäbe, welche einzig und allein der Durchsetzung einer EU auf Grundlage einer neoliberalen Verfassung diente. Die neoliberalen Vordenker waren ja immer klug im Erfinden des richtigen Marketings für ihre zum Teil menschenverachtenden Projekte.

Nach dem Crash des Kasinokapitalismus jüngster Prägung im Jahre 2008 war es offensichtlich, dass nun die demokratischen Ansprüche an »die Wirtschaft« höherzuschrauben waren. Neben dem Ruf nach weltweiter Regulierung und demokratischer Kontrolle der Finanzmärkte war klar, dass auch andere Bereiche von einer öffentlichen Mitbestimmung und Kontrolle erfasst und durchdrungen werden mussten. Die Aufgaben lagen vor allem im Ausbau der betriebliche Mitbestimmung – und einer sozialen und radikal demokratisierten Europäischen Union.

Privat ist nicht gleich sozial

Vor diesem Hintergrund wagte man sich endlich wieder an die Frage nach dem Stellenwert des Eigentums. Privateigentum galt nicht mehr als Tabu und als Goldenes Kalb, um das die ganze Welt tanzen musste. Der Marktfundamentalismus hatte sich in dieser extremen Form ja nur etablieren können, weil das Privateigentum dem Bürgertum als sakrosankt galt. Dies verhinderte jedes Infragestellen der Anhäufung von Kapital, Gütern und Vermögen, wenn sie auch noch so extreme Ausmaße angenommen hatte. (Am Beginn de 21. Jahrhunderts war auch Europa bei Verhältnissen angelangt, dass das reichste Prozent der Menschen innerhalb der EU über etwa ein Drittel des gesamten Vermögens verfügte. Dies hätte man früher – in den Zeiten der Militärdiktaturen der zweiten Hälfte des 20. Jahrhunderts – als »lateinamerikanische Verhältnisse« bezeichnet.) So stieß die Parole »Mehr privat, weniger Staat!« von vornherein auf offene Ohren, weil der Begriff positiv besetzt war. Wobei durchschnittliche (Klein-)BürgerInnen dabei immer ihr Eigenheim, ihr Auto oder das eigene (kleine) Sparbuch im Kopf hatten. Dass bei wirtschaftlichen Privatisierungsvorgängen der Verkauf von öffentlichen Einrichtungen – egal ob Stahlwerke, Energieversorgungsunternehmen oder Spitäler – an transnationale Konzerne die Bedeutung »privat« in diesem Sinne überhaupt keinen Sinn mehr ergab, sondern vielmehr mit der ursprünglichen lateinischen Bedeutung von privare, »rauben«, zu tun hatte, dämmerte so manchen – auch PolitikerInnen – erst, als diese Konzerne mehr Macht innehatten als so manche Staaten und ganze Volkswirtschaften durch die Profitgier sogenannter »Privater« sogar vor dem Konkurs standen. Deshalb schlossen sich auch immer mehr Gewerkschaften und politische Parteien den Forderungen an, die bereits beim 2. Austrian Social Forum 2004 das erste Mal in einem gemeinsamen Forum von Attac und dem Österreichischen Gewerkschaftsbund präsentiert worden waren:

- Eigentumsrechte beinhalten Verpflichtungen und müssen immer gleichzeitig dem öffentlichen Wohl dienen.
- Die Ausübung von Eigentumsrechten darf Bürger- oder politischen Rechten nicht entgegenwirken.
- Wirtschaftsdemokratie und Teilhabe müssen auf allen Ebenen verbessert werden.
- Werktätige sollen das Recht haben, durch Gewerkschaften, die sie frei wählen, auf die Festlegung der Arbeitsbedingungen und das Management Einfluss zu nehmen.
- Multinationale Konzerne ab einer gewissen Größe müssen unter demokratische Kontrolle gestellt werden.
- Die ArbeitnehmerInnen-Mitbestimmung in Betrieben hinsichtlich Gewinnverteilung, Produkt- und Investitionsentscheidungen soll aufgewertet und ausgeweitet werden.

Rückblickend lohnt es sich, noch einmal die Präambel der europäischen Bürgerinitiative »Europapolitik ist Innenpolitik – Sozialpolitik ihr Motor!« aus dem Jahre 2012 zu zitieren. Dort stand zu lesen:

»Wenn wir uns heute mit einem Neuaufbruch in Richtung einer Europäischen Wirtschaftsdemokratie beschäftigen, werden uns alle Anfeindungen entgegenfliegen, die wir nur denken können. Das wissen wir jetzt bereits! Das wird uns allerdings nicht davon abhalten. Als die Gewerkschaften in den 90er-Jahren Kampagnen wie ›Kapitalismus pur – uns reicht's!‹ beschlossen hatten, ›Tage gegen Neoliberalismus‹ durchgeführt wurden, glaubten manche an einen Putschversuch linker Splittergruppen in den Gewerkschaften. Die gesamte etablierte Politik, die in Mode gekommenen bestellten ExpertInnen und so ziemlich alle WirtschaftsjournalistInnen belächelten die Attac-GründerInnen, als sie für eine demokratische Kontrolle der Finanzmärkte in den politischen Kampf zogen.

Andere wiederum schüttelten ungläubig den Kopf und gaben uns zu verstehen: Ihr könnt doch den Gang der ›Globalisierung‹ nicht aufhalten! Wir hielten dem entgegen: Wir beenden unsere Kampagnen erst, wenn Neoliberalismus ein Schimpfwort geworden ist. Jetzt sind wir dort angelangt. Was nicht heißt, dass damit der Neoliberalismus überwunden ist. Nein, diese Arbeit steht jetzt ins Haus.

Unsere Antwort ist DEMOKRATIE!

Jeder Anfang hat das Schöne und Auszeichnende, als Erste/r Spuren legen zu können. Lasst uns losgehen!«

3 Fair steuern!
Unser steuergerechtes Europa

Sybille Pirklbauer, Petra Ziegler

Vielfalt ist ja eigentlich etwas Schönes und macht das Leben bunt. Am falschen Platz kann sich daraus jedoch ein hässlich grau-braunes Farbenchaos ergeben. Das ist beim Thema Steuerpolitik in der Union der Fall. Das Durcheinander liegt nicht nur an den unterschiedlichen Bestimmungen und den Eigenheiten der nationalen Steuersysteme, es liegt vor allem am herrschenden Einstimmigkeitsprinzip. Ein einzelner Mitgliedsstaat kann mit seinem Veto jeglichen Versuch einer Harmonisierung blockieren. Daran ändert auch der Vertrag von Lissabon nichts. Steuersenkungen werden als Waffe im Standortwettbewerb eingesetzt. Das sollte selbst den BefürworterInnen des freien Wettbewerbs ein Dorn im Auge sein, denn die gelobte Konkurrenz sollte doch zwischen den Unternehmen stattfinden und nicht um die Rahmenbedingungen des Wettbewerbs.

Bei den Unternehmenssteuern liefern sich die europäischen Nachbarn seit Mitte der 1990er-Jahre, verschärft noch durch den Beitritt der osteuropäischen Länder, einen regelrechten Dumpingwettlauf. Damit zerstören die Länder einander nach und nach die finanzielle Basis. Als Ergebnis verschiebt sich die Steuerlast zunehmend auf ArbeitnehmerInnen und KonsumentInnen, soziale Leistungen fallen vielfach dem Rotstift zum Opfer. Vermögen und große Unternehmen – die Gewinner der Globalisierung! – tragen kaum noch zur Finanzierung öffentlicher Güter und Leistungen bei.

Das soziale Gefälle innerhalb des Binnenmarkts hat bedrohliche Ausmaße erreicht. Nur ein gemeinsames Handeln könnte einen Aufholprozess in den sozial benachteiligten Regionen bewirken und ein Mindestmaß an Verteilungsgerechtigkeit herstellen. Ein Ende der Steuerkonkurrenz und eine schrittweise Harmonisierung wären ein Schlüssel dafür.

Im Hinblick auf Gendergerechtigkeit betreibt die EU eine extrem widersprüchliche Politik: Auf der einen Seite gibt es eine starke Verankerung des Prinzips der Gleichstellung von Frauen und Männern im EG-Vertrag Art. 151, das Prinzip des Gendermainstreamings soll in allen Bereichen umgesetzt werden. Die Bereiche Wirtschafts- und Steuerpolitik bleiben aber völlig ausgespart. Dabei kann kein Zweifel an der Relevanz dieser Politikbereiche für die Geschlechtergleichstellung bestehen. Die Frage der steuerlichen Belastung ist vor dem Hintergrund des EU-weiten Einkommensnachteils von Frauen ebenso relevant wie für die Finanzierung von öffentlichen Leistungen wie Kinderbetreuung und Pflege, die im privaten Bereich unbezahlt größtenteils von Frauen erbracht werden. Insofern braucht die EU auch mehr Genderbewusstsein bei den Steuern.

Chance Harmonisierung statt Race to the Bottom

Es geht ja doch! Leicht ist es nicht, mit dem Einstimmigkeitsprinzip neue Regelungen hinzukriegen. Aber nicht unmöglich – wie das Beispiel Mehrwertsteuer (MwSt) zeigt.

Bereits 1967 wurden die ersten Richtlinien zur Mehrwertsteuer erlassen, zehn Jahre später wurde ein einheitlicher Anwendungsbereich festgelegt. Seit 1. Januar 2007 gilt nunmehr die Mehrwertsteuer-Richtlinie. Sie regelt die Berechnungsbasis und legt zwei Mindestsätze fest (15 Prozent bzw. 5 Prozent für den reduzierten Satz).

Wie motivierend ein institutionelles Interesse auf die Schaffung von Regelungen wirken kann, zeigt sich daran, dass es eine ganz wesentliche Zielsetzung der MwSt-Richtlinie war, die Beiträge der Mitgliedsstaaten zum EU-Budget berechnen zu können. Etliche – vor allem neuere – Mitgliedsstaaten haben noch eine Reihe von Ausnahmeregelungen, die allerdings zeitlich befristet sind. Insgesamt kann die MwSt-Richtlinie als ein Beispiel gelten, wie Steuerharmonisierung auf EU-Ebene aussehen könnte.

Unternehmenssteuern

Harmonisierung wäre auch in anderen Bereichen dringend notwendig. Gerade im Bereich der Gewinnsteuern großer Unternehmen (Körperschaftssteuer, KöSt) lieferten sich die EU-Staaten in den letzten Jahren ein echtes Rennen im Senken der Steuersätze.

Laut der Unternehmensberatung KPMG gingen die durchschnittlichen Steuersätze in der EU von 38 Prozent im Jahr 1993 auf 24,2 Prozent im Jahr 2007 zurück.[1] Einen wesentlichen Anteil daran haben die neuen Mitgliedsstaaten: In den zehn Staaten der Erweiterung 2004 sank der Satz zwischen 2001 und 2005 von 26,6 Prozent auf 18,5 Prozent.[2]

Aber auch in den alten EU-Mitgliedsstaaten ist einiges in Bewegung geraten. In Irland wurde die Körperschaftsteuer schrittweise auf 12,5 Prozent reduziert, in Österreich wurde sie von 34 Prozent auf 25 Prozent gesenkt. Deutschland hat bereits eine Senkung auf 19 Prozent angekündigt.[3]

Höchste Zeit, auf EU-Ebene tätig zu werden! Und ein bisschen was tut sich ja auch. Seit Oktober 2001 arbeitet die Kommission an einer einheitlichen Steuerbemessungsgrundlage, bislang jedoch ohne Ergebnis. Dranbleiben will die EK trotzdem, allerdings nicht, weil ihr die Sicherung der staatlichen Steuereinnahmen ein Anliegen wäre, sondern weil die unterschiedlichen Steuersysteme ein »Wettbewerbshindernis« darstellen.[4]

Da wäre dringend ein Perspektivenwechsel notwendig. Denn natürlich ist eine gemeinsame Bemessungsgrundlage notwendig, wenn es eine EU-weite Harmonisierung der KöSt geben soll. Ohne einen entsprechenden Mindeststeuersatz wird dies aber den Wettbewerb bei den Steuersätzen anheizen, weil sie unmittelbar vergleichbar wären. Es braucht daher eine ausreichend hohe Untergrenze für die Steuersätze, nahe dem Spitzensteuersatz auf Erwerbseinkommen, der ja auch für die »kleinen« Selbstständigen gilt.[5] Hier fehlt eine faire Relation, eine Untergrenze von 35–40 Prozent würde eine solche herstellen.

Und auch gegen Gewinnverschiebungen ins Nicht-EU-Ausland gibt es Rezepte, etwa indem Gewinne von ausländischen Tochterfirmen nachversteuert werden müssen. Wird der Konzernsitz aus der EU verlagert, kann die Steuer anhand der tatsächlichen wirtschaftlichen Tätigkeit in der EU (gemessen an betrieblichen Größen wie Kapital, Umsatz und Beschäftigung) eingehoben werden.

Um die AkteurInnen in der EU ein bisschen stärker zu motivieren, wäre es überlegenswert, einen Teil der Einnahmen dem EU-Budget zufließen zu lassen. Das hätte auch für die Mitgliedsstaaten den Vorteil, dass sie ihrer Bevölkerung keine neuen Steuern erklären müssen. Durch die Mehreinnahmen könnten die alten Länder die Transfers in die neuen Länder erhöhen, um diese für allfällige Verluste zu entschädigen und den Aufbau nachhaltiger Infrastruktur zu finanzieren. Die alten Länder würden diese Maßnahme kaum spüren, ist ihre Wirtschaftsleistung doch derzeit 15-mal größer als die der zwölf Beitrittsländer.

Besteuerung von Vermögen und seinen Erträgen

Aber Ehre, wem Ehre gebührt. Etwas Anerkennung hat sich die EU mit der Zinsrichtlinie verdient. Denn Zinsen sind Erträge aus Vermögen, und diese zu besteuern ist gut: erstens im Sinne der Chancengleichheit, weil mensch ja erst einmal ein Vermögen haben muss, um Erträge daraus zu bekommen, und zweitens im Sinne von mehr Leistungsgerechtigkeit, weil arbeitslose Einkommen nicht gegenüber Arbeitseinkommen privilegiert sein sollten. Seit Juli 2005 sind sogenannte Kontrollmitteilungen vorgesehen, das heißt Zinseinkommen von Personen mit Wohnsitz im EU-Ausland werden automatisch den Finanzbehörden des Heimatlandes gemeldet.

Belgien, Luxemburg und Österreich haben sich bis zur Kooperation anderer Steueroasen eine Galgenfrist ausbedungen und erheben stattdessen eine Quellensteuer. Damit verweigern sie ihre Kooperation bei einer Richtlinie, die ohnehin recht lückenhaft ist. Denn diese erfasst nur Zinsen, nicht aber Dividenden und (realisierte) Wertzuwächse aus Wertpapieren (»Finanzprodukte«). Zudem ist die Gründung einer Rechtskörperschaft (juristische Person), etwa einer Stiftung, eine beliebte Umgehungsstrategie, da bislang nur Privatpersonen der Richtlinie unterliegen.

Die Europäische Kommission kennt diese Lücken und schlägt Verbesserungen vor (Einbezug juristischer Personen und damit auch von Stiftungen, Erfassung von Wertpapieren, Lebensversicherungen und Einkünften aus Investmentfonds).[6] Dafür gebührt ein kleines Bravo. Ein großes wäre fällig, würden wirklich alle Kapitalerträge, z.B. auch Dividenden, berücksichtigt, die Ausnahmeregelung der Quellenbesteuerung abgeschafft und ein EU-weit einheitlicher, hoher Mindestsatz für Kapitalsteuern eingeführt. Das wäre dann schon ein großer Schritt.

Ein dramatischer Schritt wäre, nicht nur die Erträge, sondern die Vermögen (die »Substanz«) selbst zu besteuern. Viele Mitgliedsstaaten tun das. Der Schnitt der EU-15 lukriert immerhin 5,3 Prozent der öffentlichen Abgaben aus dieser Quelle. Allerdings gibt es gravierende Unterschiede zwischen den einzelnen Ländern. So liegt der Anteil in Großbritannien mit 12 Prozent am höchsten, Frankreich und Spanien haben mit rund 8 Prozent auch ein erkleckliches Aufkommen. Demgegenüber zählen Deutschland und Finnland mit ca. 2,5 Prozent schon recht zu den Nachzüglern und Österreich bildet mit seinen 1,3 Prozent gemeinsam mit Tschechien überhaupt das Schlusslicht.[7]

Das Problem der Steuern auf Vermögen ähnelt dem der Gewinnbesteuerung

Finanzvermögen kann dank des primärrechtlich verankerten freien Kapitalverkehrs leicht verschoben werden und sich so die steuergünstigsten Bedingungen suchen. Deswegen wäre es doch eine tolle Sache, wenn man sich entschließen könnte, die Finanzvermögen EU-weit halbwegs einheitlich zu behandeln. Man stelle sich vor, es gäbe einen in der gesamten Union gültigen Mindeststandard für eine Vermögens-, eine Erbschafts- und eine Schenkungssteuer. Dieser müsste so ausgestaltet sein, dass das Aufkommen deutlich über dem heutigen liegt, was angesichts der Tatsache, dass einige Länder nur sehr geringe Steuern in diesen Bereichen haben, möglich sein sollte.

Damit das Ganze verteilungspolitisch sinnvoll und auch politisch verkaufbar ist, muss es mit einer Abgabenentlastung von Arbeit einhergehen. Das würde auch den Zielen der Europäischen Beschäftigungsstrategie entsprechen, die besagt, dass sich »Arbeit lohnen« soll. Und gendergerecht wäre es auch: Da sich Frauen deutlich seltener in wirtschaftlich privilegierten Situationen befinden, würde eine solche Umgestaltung des Steuersystems zu einer gerechteren Lastenverteilung zwischen den Geschlechtern beitragen.

Gegensteuern: Mehr Mittel für das EU-Budget

Vermögen und Einkommen sind extrem ungleich verteilt – und das nicht nur innerhalb, sondern auch zwischen den Mitgliedsstaaten. Beinahe 80 Millionen EuropäerInnen leben in Armut. Jede/r Sechste hat eine Einkommen unterhalb der Armutsgrenze. Am anderen Ende der Skala wächst die Zahl der Reichen. Sie konnten ihr Vermögen in den letzten Jahren weit über dem Durchschnitt vermehren. Lag das Verhältnis der Pro-Kopf-Einkommen im reichsten verglichen mit den Pro-Kopf-Einkommen im ärmsten Land in den »alten« EU-15 noch bei 3:1, stieg es nach den letzten beiden Erweiterungsrunden auf über 5:1.

Mit den knappen Mitteln des EU-Budgets lässt sich kaum gegensteuern. Nach der Erweiterung hätten diese Mittel deutlich aufgestockt werden müssen, aber die alten, reichen Mitglieder zeigten sich knausrig. Für das gemeinsame Budget ist eine Obergrenze von rund 1,2 Prozent des EU-Bruttosozialprodukts festgelegt. Der Löwenanteil davon geht nach wie vor in die Landwirtschaft. Ein knappes Drittel fließt in den Strukturfonds zur Förderung benachteiligter Regionen.

Gespeist wird das EU-Budget zu jeweils 15 Prozent aus Zöllen auf Produkte aus Drittländern, aus einem Anteil auf Basis der Umsatzsteuer und zu ca. 70 Prozent aus Anteilen am BIP der Mitgliedsstaaten. Das bringt ein in regelmäßigen Abständen wiederkehrendes, eher unwürdiges Schauspiel mit sich: Eifersüchtig wachen die Mitglieder, insbesondere die sogenannten »Nettozahler«, darüber, dass kein Land zu viel aus dem gemeinsamen Topf herausnimmt.

Eigene Steuern darf die Union nicht einheben. Dabei wäre das durchaus im Sinn der gemeinsamen Sache. Finanztransaktionssteuern etwa. Schon eine minimale Abgabe von 0,02 Prozent würde ein jährliches Plus von rund 120 Milliarden Euro ergeben. Das würde die derzeit vorhandene Manövriermasse glatt verdoppeln. Von der wohltuend stabilisierenden Wirkung auf die Finanzmärkte gar nicht zu reden.

Sinnvolle Lenkungsmaßnahmen wären auch im Bereich Ressourcenverbrauch gefragt. CO_2- und Energiesteuern bevorzugen sparsamen Verbrauch und schaffen gleichzeitig Einnahmen für die Förderung klima- und umweltschonender Mobilität. Als Teil einer europäisch koordinierten Investitionsoffensive in ökologischen Umbau könnte damit schrittweise die Abhängigkeit der Union von fossilen Energieträgern reduziert werden.

Den wirklich Reichen würde ein kleiner »Solidarbeitrag« nicht wehtun, eine Ein-Prozent-Steuer für alle »High Net Worth Individuals« (das sind die Dollar-Millionäre, derzeit EU-weit etwas über drei Millionen) würden sie vermutlich nicht einmal bemerken. Der EU-Haushalt wäre mit mindestens 100 Milliarden US-Dollar an Mehreinnahmen in der Lage, ein Programm für Aus- und Weiterbildung in den strukturell benachteiligten Regionen zu bedienen. Damit könnten Millionen EuropäerInnen nachhaltig aus der Armutsfalle geholt werden. Und nur ein Viertel davon würde ausreichen, die Millenniumsziele für die afrikanischen Staaten zu erreichen.

Ohne zusätzliche Belastungen für die ArbeitnehmerInnen wäre damit der finanzielle Spielraum der Union um ein Mehrfaches erhöht, könnten die dringend notwendigen ökologischen und strukturellen Sanierungsmaßnahmen am europäischen Haus gemeinsam in Angriff genommen werden.

Steueroasen: Die internationale Verantwortung der EU

Aber! Man stelle sich vor, alle bisher skizzierten Ideen würden Umsetzung finden – würde dann nicht das Kapital in hellen Scharen aus der EU flüchten? Das müsste die Union nicht allzu sehr fürchten, wenn sie sich zu angemessenen Schritten entschlösse. Und ein solches (Ein)Schreiten ist bei den Steueroasen – auch Offshore Center (OFC) genannt – dringend notwendig.

Diese sind die schwarzen Löcher des internationalen Steuersystems. Nicht nur, dass sie von Aufsicht und Regulierung praktisch frei sind, es werden dort auch kaum oder gar keine

Steuern auf Gewinne und Vermögen erhoben. Kein Wunder also, dass Banken, große Konzerne und superreiche Individuen gerne das Angebot annehmen und ihre Vermögen dort parken. Auch wenn es die Bezeichnung offshore nahe legt, müssen Steueroasen nicht unbedingt im Meer liegen. So ist denn auch das größte aller Offshore-Zentren die Londoner City. Sie liegen also mehr in rechtlicher als in geografischer Hinsicht »abseits«.

Steueroasen richten in doppelter Weise Schaden an. Sie locken nicht nur SteuerhinterzieherInnen an, sie setzen auch alle Nicht-Steueroasen unter Druck, die Steuersätze auf Einkommen, Gewinne und Vermögen zu senken. Damit fehlen dem Staat wichtige Einnahmen für die Finanzierung öffentlicher Leistungen und Sozialtransfers. In den Industrieländern zahlen vor allem jene die Zeche, die ihr Einkommen durch Arbeit verdienen müssen, und jene, die von Transferleistungen abhängig sind.

Wirklich dramatisch sind die Folgen in den Entwicklungs- und Schwellenländern, die extrem unter dem Kapitalabfluss leiden. Etwa 50 Prozent aller Barvermögen und Wertpapiere aus Lateinamerika sind in OFCs angelegt. Im Nahen Osten sind es sogar 70 Prozent. Die Verluste der Entwicklungsländer durch OFCs werden auf 500 Milliarden US-Dollar jährlich geschätzt. Das ist etwa fünf Mal so viel wie die gesamte Entwicklungshilfe. Auch die Steuerausfälle haben eine riesige Dimension: Mindestens 255 Milliarden sind dem Fiskus der Herkunftsländer entzogen worden.

Das »Schließen« vieler Steueroasen ist einfacher als gemeinhin angenommen, weil es sich zumeist um Protektorate der Industrienationen handelt. So gehören zum Beispiel die Cayman Islands, die Bermudas oder Jersey zu Großbritannien, die Niederländischen Antillen zu Holland. Diese richteten die Steueroasen bewusst ein, um Kapital anzuziehen. Sobald sich hier politischer Gegendruck bildet, können Steueroasen mit einfachen Maßnahmen geschlossen werden. Es würde nur einer Meldepflicht von Kapitaleinkommen an die Finanzbehörde des Wohnsitzlandes bedürfen (die es mit einer runderneuerten Zinsrichtlinie – siehe oben – geben sollte).

Verweigert ein Staat die Kooperation, kann man den Kapitalverkehr einschränken. Das geht entweder durch Transaktionssteuern oder über Lizenzen: Banken und Konzerne, die in Steueroasen Tochterunternehmen bzw. Briefkastenfirmen unterhalten, würde ihre Lizenz verlieren. Es ist ja nicht die Bank of Bahamas, bei der Geld geparkt wird, sondern eine Tochter der jeweiligen Hausbank.

Die EU kann es sich sowohl politisch als auch ökonomisch leisten, den Kapitalverkehr mit Steueroasen einzuschränken. Damit würde Steuergerechtigkeit wieder Vorrang vor total freiem Kapitalverkehr eingeräumt. Tatsächlich drohte der EU-Wettbewerbskommissar im September 2002 erstmals der Schweiz mit der Beschränkung des Kapitalverkehrs, wenn sie keine Informationen über die Kapitaleinkommen von EU-BürgerInnen herausrücke. Diese Drohung wurde allerdings von Österreich (Finanzminister Grasser) und Luxemburg abgewehrt, indem sie ihr »Vetorecht« nutzten – das Einstimmigkeitsprinzip lässt grüßen.

Dabei geht es bei den schwarzen Löchern bei Weitem nicht nur um Steuerfragen, wie die aktuelle Finanzkrise zeigt: Die rechtsfreien Zonen werden von besonders hochspekulativen Akteuren wie Hedgefonds als Operationsbasis benutzt. Auf diese Weise bringen sie ein hohes Maß von Instabilität ins System – mit höchst problematischen Folgen für die Wirtschaft und die breite Bevölkerung. Das sollte doch den AkteurInnen der EU Mut machen, Licht in diese dunklen Ecken zu bringen.

Ein tragfähiges Fundament

Hochwertige und allen Gruppen der Bevölkerung zugängliche Leistungen sorgen für einen – zumindest teilweisen – Ausgleich unfairer Ausgangsbedingungen. Sie schaffen die Grundlagen einer sozial ausgewogenen Gesellschaft und sind Voraussetzung für individuelle Teilhabe und Entwicklungsmöglichkeiten. Kurz, sie machen echte Demokratie erst möglich. Wichtigster Aspekt einer gemeinsamen Steuerpolitik ist daher die nachhaltige Sicherung der Einnahmen zur Finanzierung öffentlicher Leistungen und zum Ausbau des Europäischen Gesellschaftsmodells – samt solidarischer Absicherung individueller »Risiken«, also Krankheit, Arbeitslosigkeit, Alter. Dafür ist eine gerechte Steuerstruktur, die sich dem Prinzip der Leistungsfähigkeit zumindest annähert, unverzichtbar.

Auch aus Gründen der Gendergerechtigkeit müssten die Beiträge von Gewinn-, Vermögens- und Vermögensertragssteuern zum Steueraufkommen angehoben und jene von Mehrwertsteuern und Abgaben auf Arbeit gesenkt werden.

Sich mit Hinweis auf die »Standortsicherung« bei der Besteuerung gegenseitig zu unterbieten, mindert nicht nur die Einnahmen, es setzt zudem falsche Anreize. Eine zukunftsfähige Union braucht vor allem auch ein tragfähiges finanzielles Fundament.

Mehr Mittel für den gemeinsamen Haushalt, das ist freilich nur sinnvoll in Verbindung mit demokratischer Kontrolle der Mittelverwendung. Neben einem vollständigen Budgetrecht für das EU-Parlament erfordert das mehr Mitsprache und Gestaltungsmöglichkeit auf lokaler Ebene. Koordinierte Investitionsoffensiven bedeuten noch lange keinen flächendeckenden Einheitsbrei: Nachhaltige Mobilität und Infrastruktur, die Versorgung aus erneuerbaren Energieträgern, der Aufbau einer Ressourcen schonenden Produktion – das kann von Region zu Region ganz unterschiedlich aussehen. Erst der Verzicht auf kurzfristige Vorteile aufgrund von Steuergeschenken an Konzerne und Globalisierungsgewinner und ein Ende des Steuerwettbewerbs innerhalb der Europäischen Union schaffen Spielraum für bunte Vielfalt.

Literatur

Farny, Otto / Lunzer, Gertraud / Saringer, Martin / Wagner, Norman: Steuerbegünstigungen in der Europäischen Union in den zehn neuen Mitgliedsstaaten im Bereich der Unternehmensbesteuerung – Zusammenfassung zur gleichnamigen BAK-Studie; Oktober 2005; http://eu.arbeiterkammer.at/bilder/d33/Zusammenfassung_Studie_DE.pdf

KPMG International: KMPG's Corporate and Indirect Tax Survey 2007; Juni 2007; http://www.in.kpmg.com/TL_Files/Pictures//CorpTax-RateSurvey2007.pdf

Wahl, Peter: Finanzmärkte als Entwicklungshemmnis; erschienen in: Das Parlament, Beilage: Aus Politik und Zeitgeschichte Nr. 07 / 11.02.2008 – Thema: Internationale Finanzpolitik; http://www.das-parlament.de/2008/07/Beilage/006.html

1 KPMG 2007, S. 9

2 Bulgarien hat mit 1. Januar den schon geringen KöSt-Satz von 19,5 auf 15 Prozent gesenkt. Die neue liberale Regierung in Rumänien hat als eine ihrer ersten Maßnahmen ebenfalls mit 1. Januar 2005 eine Flat Tax eingeführt und damit die KöSt von 25 auf 16 Prozent gesenkt. Tschechien hat sie mit 2006 auf 24 Prozent gesenkt, Estland mit 2007 auf 20 Prozent. Und Ungarn will von (derzeit) 16 auf 12 Prozent reduzieren.

3 Farny et al 2005, S. 7, Daten ab 2006 aus KPMG 2007

4 Vgl. z. B. http://ec.europa.eu/taxation_customs/taxation_customs/taxation/comp_overview/index_de.htmany_tax

5 Wenn diese als Personengesellschaften organisiert sind, was in der Regel der Fall ist. Kapitalgesellschaften, meist größere Unternehmen, unterliegen der KöSt.

6 Pressemitteilung der Europäischen Kommission vom 13. November 2008; IP/08/1697; http://europa.eu/rapid/pressReleasesAction.do?reference=IP/08/1697&formt=HTML&aged=0&language=de&guiLanguage=de

7 OECD 2006

4 Stabile Finanzmärkte

Unser investitionsfreundliches Europa

Christian Felber, Christian Schoder

Auf Initiative der europäischen Attac-Bewegungen gelang es einem EU-weiten Netzwerk von BürgerInnenbewegungen auf dem Höhepunkt der Finanzkrise 2009, die EU bei der Konferenzserie zur Regulierung der globalen Finanzmärkte mit einem demokratischen Mandat auszustatten. Die Hauptforderung bestand darin, den anfangs exklusiven Teilnehmerkreis auf alle UN-Mitgliedsstaaten auszuweiten und Delegierte von Parlamenten und der Zivilgesellschaft einzubinden. Mit der Unterstützung von Brasilien und einer Reihe weiterer Staaten setzte die EU dieses Ziel durch: Ende 2009 wechselte der Konferenzprozess aus dem engen Kreis der G-20 unter das Dach der UNO. Dort wurde eine Weltpremiere gestartet. Unter dem Titel »Finanzflüsse im globalen Dorf« wurde ein moderierter Prozess mit Arbeitskreisen, Verschränkungsforen und Plenumssitzungen gestartet, in dem sämtliche Finanzmärkte, sämtliche Akteure und sämtliche Produkte durchleuchtet und Regulierungsmöglichkeiten für diese erörtert wurden. 18 Monate später führte diese erste »globale Dorfkonferenz« zu einem bahnbrechenden Ergebnis: Die KonferenzteilnehmerInnen einigten sich auf 169 Maßnahmen zur Regulierung der globalen Finanzmärkte.

Weltfinanzmarktaufsicht, Weltzentralbank und Weltsteuerbehörde

An der Spitze der Liste stand die Gründung dreier globaler Organisationen: Weltfinanzmarktaufsicht, Weltzentralbank und Weltsteuerbehörde. Die Konferierenden waren überein gekommen: Wer Ja zur Globalisierung sagt, muss auch Ja zu globalen Institutionen sagen.

Die *Weltfinanzmarktaufsicht* wurde damit beauftragt, die großen Banken so weit zu teilen, bis sie »small enough to let them fail« waren. Banken können heute nicht mehr davon ausgehen, dass sie im Ernstfall von der öffentlichen Hand aufgefangen werden, da keine von ihnen mehr systemrelevant ist. Daher haben Banken heute einen starken Anreiz, das Risiko von Anlagestrategien besser einzuschätzen. Alle Banken erhielten außerdem strenge Eigenkapitalregeln und mussten sämtliche Geschäfte in die Bilanzen aufnehmen. Bank-Filialen in Steueroasen mussten aufgelöst werden. Ein globales Kreditregister wurde eingerichtet, um zu verhindern, dass bereits überschuldete Akteure weitere Kredite aufnehmen können.

Für Investmentfonds aller Art wurden einheitliche Anlagerichtlinien herausgegeben, bestimmte Investmentstrategien untersagt und ein generelles Kreditaufnahmeverbot verhängt, um die »hebelverstärkte Spekulation« zu verhindern. Eine gesetzliche Offenlegungspflicht zwingt sie zu einem Höchstmaß an Transparenz: Die EigentümerInnenstruktur, die Mittelherkunft, Investitionsschwerpunkte und Risikomanagementmodelle müssen offengelegt werden. Sämtliche Finanzprodukte wurden einer nachträglichen Zulassungsprüfung unterzogen und dabei radikal ausgemustert. Das Billiarden-Gebirge aus Derivat-Kontrakten wurde Schicht um Schicht abgetragen. Seit 2012 werden nur noch wenige standardisierte Derivate an beaufsichtigten Börsen gehandelt. Der unbeaufsichtigte »Over-the-Counter«-Handel wurde gänzlich geschlossen.

Die Weltbank und der Internationale Währungsfonds wurden unter das Dach der UNO geholt und Letzterer zur *Weltzentralbank* weiterentwickelt. Als solche beschränkt er sich im Wesentlichen auf die Rolle des »letzten Kreditgebers«, um Staaten und Banken aus Liquiditätsklemmen zu helfen. Die Weltbank wurde mit neuen Statuten ausgestattet, sie dient forthin ausschließlich einer global nachhaltigen Entwicklung. Die Stimmrechte wurden nach einem demokratischen Schlüssel neu verteilt. Außerdem ist die Vergabe von Weltbankkrediten an die Zustimmung der jeweils betroffenen Bevölkerung gebunden. Die Abwicklung der meisten Weltbankkredite erfolgt über kontinentale Tochterbanken, in denen die regionalen VertreterInnen ein überproportionales Stimmgewicht halten.

Bezüglich des Währungssystems wurde der Vorschlag von John Maynard Keynes auf der ersten Bretton-Woods-Konferenz von 1944 aufgegriffen: Nicht eine nationale Währung sollte gleichzeitig die Rolle der Weltleitwährung spielen, sondern ein Währungsbündel. Diesem Gedanken folgend wurde der US-Dollar als Leit- und Ressourcenwährung abgelöst und durch einen Währungskorb der 20 wichtigsten nationalen Währungen ersetzt. Die UN-Mitgliedsländer verpflichteten sich, die Wechselkurse der nationalen Währungen zu dieser Verrechnungseinheit, die »Globo« getauft wurde, gemäß den realwirtschaftlichen Fundamentaldaten (Produktivität, Inflation, Handelsbilanz) gemeinsam festzulegen und auch gegen allfällige »Rest-Spekulation« – die nach der Regulierung der Fonds und Banken noch allfällig auftreten könnte – mit vereinten Kräften zu verteidigen. Das war das Aus der Währungsspekulation. Die Zustimmung der USA unter Präsident Obama zu dieser Entmachtung der USA konnte gewonnen werden, da die Alternative zum demokratischen Währungskorb die Ablöse des US-Dollars als Weltleitwährung durch den Euro gewesen wäre – eine noch unattraktivere Option für die nationalistischen Hardliner in den USA, die daraufhin ihren Widerstand aufgaben.

Neben dem Öl notieren seither alle strategischen Rohstoffe im »Globo«. Ihre Preise setzen sich jedoch nicht nach Angebot und Nachfrage fest – die Weltbürgerinnen und Weltbürger hatten 2010 von den manisch-depressiven Bocksprüngen des Ölpreises endgültig die Nase voll –, sondern sie wurden im Preisausschuss des ECOSOC, des Wirtschafts- und Sozialrates der UNO, gemeinsam festgelegt. Damit hatte alle Welt auf Jahre hinaus Planungssicherheit. Ein Hauch von globalem Dorffrieden kehrte ein.

Die *Weltsteuerbehörde* wurde mit zwei Aufgaben betraut. Zum einen mit der Trockenlegung aller Steuerparadiese: Ein globales Abkommen sorgt seit 2012 für die Auflösung aller Bankgeheimnisse und die automatische Informationsübermittlung der Banken über die Vermögenseinkommen ihrer AnlegerInnen an die zuständigen Finanzämter. Diesen »automatischen Informationsaustausch« hatte die EU bis 2011 in ihrem Binnenmarkt vollendet. Nach Luxemburg und Belgien lenkte im Jahr 2010 auch Österreich als letzter Mitgliedsstaat ein, nachdem Attac die Öffentlichkeit ausreichend sensibilisiert hatte. Damit konnte die EU diese Initiative glaubwürdig vorantreiben, was zunächst gegenüber Liechtenstein, der Schweiz, Monaco und Jersey gelang. Damit war die Phalanx der Steueroasen schon aufgeweicht. Um Steueroasen, die vom Finanzsektor essenziell abhängig waren, bei der Umstellung auf andere Wirtschaftszweige zu helfen, wurde – ebenfalls unter dem Dach der UNO – ein entsprechender Strukturfonds eingerichtet.

Als zweite Aufgabe wurde die Weltsteuerbehörde mit der Einhebung globaler Steuern betraut, um die globale Handels- und Investitionspolitik auch auf der Steuerseite zu ergänzen und andererseits globale Politikziele wie Armutsbekämpfung, Aufbau öffentlicher Güter und nachhaltige Entwicklung aus den Einnahmen zu finanzieren. Im Jahr 2011 wurde eine Finanztransaktionssteuer auf alle nationalen und grenzüberschreitenden Finanzflüsse beschlossen. Dadurch konnten die spekulativen Schwankungen auf den Finanzmärkten weitgehend abgestellt werden. Absicherungsgeschäfte gegen Kursveränderungen erübrigten sich, Kosten konnten gespart werden. Kurzfristige Spekulation ist seit Einführung der Transaktionssteuer unattraktiv, was Investitionskapital wieder vermehrt in realwirtschaftliche Projekte leitet, die auch Arbeitsplätze schaffen. Die Finanztransaktionssteuer bringt jährlich 150 Milliarden US-Dollar. Durch einen atemberaubenden Endspurt konnten die Millenniumsziele der UNO bis 2015 auf den letzten Metern erreicht werden. Im Jahr 2016 folgte eine globale CO_2-Steuer, 2017 die Besteuerung des Seetransports und der Nutzung von Meeresengen. So ging es weiter.

Diese Weltbehörden werden selbstverständlich demokratisch besetzt. In die Arbeits- und Entscheidungsgremien der Weltfinanzmarktaufsicht, der Weltzentralbank und der Weltsteuerbehörde werden VertreterInnen der globalen Zivilgesellschaft, der Finanzwelt sowie der ArbeitnehmerInnen- und ArbeitgeberInnenseite delegiert. Damit wurde den KritikerInnen »globaler Behörden« Wind aus den Segeln genommen, die in diesen zentralen Institutionen einen Hort des Lobbyismus und der Korruption befürchtet hatten. Alte Fehler wurden diesmal vermieden: Die frühere EU hatte eindrücklich gezeigt, dass Lobbyismus und Korruption immer mit mangelhafter Demokratie einhergegangen waren.

Die EU – Vorreiterin einer demokratischen und nachhaltigen Wirtschaftsordnung

Die bunte EU-Delegation setzte bei dieser globalen Dorfkonferenz ihr ganzes Gewicht ein, damit am Ende dieses vorzeigbare Ergebnis herauskommen konnte. In der Abordnung waren jedoch nicht nur MinisterInnen und KommissarInnen inbegriffen, sondern auch demokratisch gewählte ParlamentarierInnen und Delegierte von Nichtregierungsorganisationen. Um die Wirkung der globalen Regulierung zu verstärken und gleichzeitig davon unabhängig zu sein, verfügte die EU den gesamten Maßnahmenkatalog parallel für den Binnenmarkt. Seither arbeiten EU-Finanzmarktaufsicht, Europäische Zentralbank und Europäische Steuerbehörde eng mit den UN-Institutionen zusammen. Neben den globalen Reformen erledigte die EU eine Reihe wichtiger »Hausaufgaben«.

Mit der Initiative »*Stakeholder vor Shareholder*« rückt sie dem Aktionärskapitalismus zu Leibe. Die maßlosen Ansprüche der AktienbesitzerInnen, insbesondere durch »institutionelle Vermögensverwalter« wie Investment-, Hedge- und Private-Equity-Fonds wurden durch eine Reihe von Maßnahmen entscheidend eingeschränkt.

Der erste Schritt ist eine EU-weite Fonds-Richtlinie, die für alle Fondsarten gilt. Seit 2011 dürfen in der EU angebotene Fonds nur noch bestimmte Anlagestrategien verfolgen, sie müssen Mindesthaltedauern einhalten und dürfen keine Kredite für ihre Spekulationsgeschäfte aufnehmen. Die Gehälter der FondsmanagerInnen sind mit dem 30-Fachen des Mindestlohnes des jeweiligen Mitgliedlandes, in dem der Fonds seinen Sitz hat, gedeckelt. Die Fondserträge unterliegen einer EU-weiten 50-prozentigen Kapitalertragssteuer, um Finanzinvestitionen gegenüber Realinvestitionen markant unattraktiver zu machen, um dem Leistungsprinzip Rechnung zu tragen – (arbeitslose Vermögenseinkommen müssen stärker besteuert werden als leistende Arbeitseinkommen) – und um das weitere Aufgehen der Schere zwischen Arm und Reich zu verhindern. Fonds, die diese Anforderungen nicht erfüllen, erhalten keinen Zugang zum EU-Binnenmarkt. Erstmals setzt die Europäische Union die gigantische Macht des Binnenmarktes für die richtigen Ziele ein, das wird forthin zum Normalfall.

Die Politik zur Entmachtung der Shareholder umfasst weiters die Maßnahme, dass Aktionäre, die Aktien kürzer als zehn Jahre halten, ihr Stimmrecht verlieren. Damit fördert die EU langfristige Investitionen gegenüber kurzfristiger Kursspekulation. Aus demselben Grund werden Gehaltsbestandteile für ManagerInnen, die an den Aktienkurs gekoppelt sind – so genannte Aktienoptionen – verboten, damit die ManagerInnen keinen Anreiz haben, der »Pflege« des Aktienkurses Vorrang vor allen anderen Unternehmenszielen zu geben. Stattdessen werden Managergehälter mit dem 20-Fachen des gesetzlichen

Mindestlohnes gedeckelt und eine weitere Steigerung auf das gesetzliche Maximum des 30-Fachen von der Erfüllung sozialer und ökologischer Zielsetzungen abhängig gemacht: Wer Arbeitsplätze schafft, das Betriebsklima verbessert, die Zulieferer würdig behandelt und die Umwelt schont, spürt das auch auf dem Gehaltskonto.

Die Pensionssysteme der Mitgliedsstaaten werden von den Börsen »entbunden« und nach dem Vorbild der bestentwickelten Systeme vereinheitlicht: 2020 erhalten alle Menschen in der EU bei Pensionsantritt 80 Prozent des Einkommens ihrer zehn besten Jahre bis zum Lebensende. Damit wird die Kaufkraft einer der ärmsten Bevölkerungsschichten enorm erhöht, was der Wirtschaft in Form steigender Nachfrage sehr zugutekommt. Die höheren Kosten für die öffentliche Hand – sie werden über Kapitalertrags- und maßvolle Vermögenssteuern gedeckt – halten sich in Grenzen, weil die generelle Einführung der 30-Stunden-Woche 2020 das durchschnittliche tatsächliche Pensionsantrittsalter auf 65 Jahre (in Österreich lag dieses 2009 noch bei 58 Jahren) ermöglicht. Weitere Nebeneffekt: Der allgemeine Stress nimmt ab, der Zeitreichtum zu. Da infolge leistungsfähiger solidarischer Pensionssysteme niemand mehr zum Aktienkauf gezwungen ist, sinkt die Aufmerksamkeit, die den Börsen zuteil wird. Aktienkurse sind nur noch eine bedeutungslose Randerscheinung der Wirtschaftsberichterstattung.

Eine weitere Initiative der EU ist die koordinierte Umsetzung *»alternativer Kapitalmarktoffensiven«*: Da einerseits Börsen weder höheres Wirtschaftswachstum noch mehr Beschäftigung brachten, sondern allein höhere Instabilität und ungerechtere Verteilung; und da andererseits Finanzmärkte nicht nur aus Börsen bestehen, sondern primär aus Banken, von deren Krediten die überwältigende Mehrheit der kleinen, mittelständischen und Mikro-Unternehmen abhängig ist, zielen die alternativen Kapitalmarktoffensiven auf die möglichst unbürokratische und kostengünstige Vermittlung solcher Unternehmenskredite. Dafür wird der (Wieder-)Aufbau eines flächendeckenden Netzes nicht gewinnorientierter lokaler Banken gefördert, die die Geldvermittlung als öffentliche Dienstleistung verstehen und gegen minimale Zinsen oder Vermittlungsgebühren, welche ausschließlich der Kostendeckung der Banken dienen, effektiv und meist im Rahmen persönlicher Vertrauensbeziehungen abwickeln. Das ist nichts Neues. Das europäische Hausbankensystem funktionierte in den Nachkriegsjahrzehnten auf diese Weise tadellos. Erst die Gewinnorientierung hatte »friedliche« Hausbanken ab den 1980er-Jahren in riskant spekulierende und den Sinn der Finanzmärkte verzerrende Geschäftsbanken verwandelt. Diese historische Lektion wurde erfolgreich gelernt.

Um das neuerliche Entstehen von Bankenkolossen zu verhindern, dürfen private Banken eine gewisse Bilanzsumme nicht überschreiten. Überschreiten sie diese, gehen sie anteilsmäßig automatisch in öffentliches Eigentum über. So gibt es einen selbstregulierenden Demokratisierungsmechanismus: Wer zu stark wächst und zu mächtig wird, muss der Gesellschaft automatisch ein Mitspracherecht einräumen.

Als Ergänzung zum Lokalbankennetz werden öffentliche Großbanken ins Leben gerufen, um Spezialfinanzierungen zu tätigen und Großkredite zu vergeben. Diese öffentlichen Banken werden jedoch nicht von den Regierungen gesteuert, sondern nach verfassungsmäßigen Bestellverfahren besetzt. Das Management muss ebenfalls verfassungsrechtlich festgelegte Gemeinwohlziele verfolgen. Diese sind die möglichst kostengünstige und unbürokratische Finanzierung nachhaltiger Entwicklung sowie die sichere Verwaltung der Spareinlagen. Spekulation und Gewinnerzielung sind verboten.

Ein drittes EU-Projekt, das aus der Finanz- und Demokratiekrise erwuchs, ist die »*Demokratisierung der EZB*«: Aus der vormals »unabhängigen« Europäischen Zentralbank wurde eine stakeholdergesteuerte Institution: Nicht ein homogener Kreis aus Elite-Bankern entscheidet über die wichtigste Stellgröße einer Volkswirtschaft – den Zinssatz –, sondern ein paritätisches Gremium aller Betroffenen: KleinunternehmerInnen, KonsumentInnen, ArbeitnehmerInnen, GläubigerInnen, BankenvertreterInnen. Infolgedessen steuert die Europäische Zentralbank ab 2013 grundsätzlich einen realen Zinssatz deutlich unter dem realen Wirtschaftswachstum an. Dies begünstigt eine gerechtere Einkommensverteilung, da die Einkommenszuwächse auf zinstragende Vermögen geringer sind als der Einkommenszuwachs der gesamten Volkswirtschaft.

Durch die niedrigen Zinsen verlieren Finanzinvestitionen an Attraktivität, weil ihre Renditen im Allgemeinen sinken. Kredite werden eher in die reale Wirtschaft investiert, was durch die geringen Zinskosten begünstigt wird. Durch die niedrigen Zinsen erhält die große Mehrheit der Unternehmen, die von Bankkrediten abhängig sind, wieder günstige Kredite. Sie investieren und schaffen Arbeitsplätze. Die EZB hat heute weniger Angst vor etwas höherer Inflation und versteht den Zinssatz primär als Parameter, der die Einkommensverteilung beeinflusst. Das Fine-Tuning der Wirtschaft bewerkstelligt die EU heute über ein letztes, neuartiges Projekt, nämlich über eine gemeinsame Wirtschaftspolitik.

Durch die »*gemeinsam koordinierte Investitions- und Lohnpolitik*« vermag die EU seit 2014 die Entwicklung und die Dynamik im Binnenmarkt zu steuern. Im Falle eines konjunkturellen Abschwungs erhöht die EU öffentliche Investitionen in grüne Energie, in den Ausbau des öffentlichen Verkehrs, in Bildung und in soziale Sicherheit und stabilisiert damit die Wirtschaft. In Boomphasen erhöht sie vorübergehend die Steuern, um einerseits die Investitionsprogramme gegenzufinanzieren und um anderseits eine mögliche Überhitzung der Wirtschaft, die nachfragegetriebene Inflation zur Folge haben könnte, zu reduzieren.

Die bisher sehr unterschiedliche Entwicklung der Euro-Länder hatte den Euro auf eine ständige Zerreißprobe gestellt. Um dies zu verhindern, beginnen die EU-Länder 2014 nicht nur ihre Investitionspolitik, sondern auch ihre Lohnpolitik zu koordinieren. Als Negativbeispiel hatte Deutschlands Lohndumpingpolitik gedient: Jahrelang waren trotz wachsender Wirtschaft die Realeinkommen gesunken, was Deutschland auf Kosten von Nachbarländern, die gerechter verteilten, wettbewerbsfähiger gemacht, den Euro allerdings gefährdet und somit dem Binnenmarkt geschadet hatte.

Durch eine koordinierte Lohnpolitik wird nicht nur die Standortkonkurrenz beendet, sondern auch die Inflationsgefahr reduziert. Inflation ist meist die Folge von ungeklärten Verteilungskonflikten zwischen ArbeitnehmerInnen und ArbeitgeberInnen. Empfinden die Unternehmen die Lohnabschlüsse als zu hoch, geben sie die höheren Kosten in Gestalt höherer Preise weiter. Die EU hatte erkannt, dass eine korporatistische Verhandlung, die alle Interessenvertretungen an einem runden Tisch versammelt, ein effektives Mittel zur Inflationsbekämpfung ist, da Verteilungskonflikte entschärft werden. Korporatistische Lohnverhandlungen hatten in Österreich lange Zeit für relativ stabile Preise gesorgt. Die Angleichung der Lohnniveaus in den Euro-Ländern führt zu einer Annäherung der jeweiligen Inflationsraten, was den Euro ebenfalls stabilisiert. Unterschiedliche Inflationsraten hatten bis dahin zu unterschiedlichen Realzinsen geführt, was wiederum einige Euroländer begünstigt und anderen geschadet hatte.

Auch in weiteren Bereichen, insbesondere in der Steuer- und Sozialpolitik verabschiedete sich die EU vom Modell der Standortkonkurrenz und ging zu einer koordinierten europäischen Wirtschaftspolitik über. Durch eine Vereinheitlichung der Steuern auf Vermögenszuwächse und Vermögensbestände und durch die gleichzeitige steuerliche Entlastung des Faktors Arbeit konnte die enorme Konzentration von Vermögen in den Händen einiger weniger reduziert werden. Dies zeitigt schon heute merklich positive Auswirkungen auf die Wirtschaft. Einerseits strömt viel weniger nach hohen Renditen suchendes Kapital auf die Finanzmärkte, die dadurch nicht mehr aufgebläht, sondern stabilisiert werden. Andererseits stimuliert die hohe Kaufkraft die Binnennachfrage und erzeugt Arbeitsplätze.

Im Nachhinein betrachtet ist es erstaunlich, wie effektiv und unkompliziert es die EU und weitere Länder geschafft haben, sich vom neoliberalen Kurs abzuwenden und Reformen in Richtung einer nachhaltigen und demokratischen Wirtschaftsordnung einzuleiten. Der mit der verheerenden Finanz- und Wirtschaftskrise 2008/09 ausgelöste öffentliche Sinneswandel zeigt eindrücklich, wie rasch tief greifende und nachhaltige Reformen umgesetzt werden können, wenn nur der politische Wille dazu besteht. Noch zehn Jahre zuvor war eine grundsätzliche Neugestaltung der internationalen Finanzmärkte undenkbar gewesen. Heute kommen diese überwiegend der Allgemeinheit zugute und stehen insbesondere in der EU im Dienste einer nachhaltigen Entwicklung. Dieser Wandel war nur möglich durch eine breite demokratische Bewegung, die sich global und EU-weit hartnäckig und ausdauernd für eine Demokratisierung der Finanzmärkte eingesetzt, wirtschaftspolitische Alternativen erarbeitet und politischen Druck aufgebaut hatte, um diese auch umzusetzen.

5 Nur ein Standort
Unser kooperatives Europa

Petra Ziegler

»Die Globalisierung von Kapital- und Arbeitsmärkten hat die Beschäftigten weltweit in Konkurrenz zueinander gebracht. Skrupellos werden die Belegschaften einzelner Länder, Branchen und Standorte gegeneinander ausgespielt – in einem Dumpingwettbewerb um Arbeitsplätze, Arbeitsbedingungen, Löhne und Menschenwürde.« Ein Auszug aus einem Protestaufruf von GewerkschafterInnen gegen den G8-Gipfel 2007 in Heiligendamm. Standortkonkurrenz auf den Punkt gebracht.

Und doch sollte es noch eine Weile dauern, bis die Gewerkschaften, VertreterInnen von NGOs und engagierte Einzelpersonen über ein gemeinsames Interesse zusammenfanden. Zu groß war die Angst vor Jobverlust und damit existenzieller Bedrohung. Letztlich waren es die große Rezession nach dem Finanz-Crash 2008 und eine ordentliche Portion Mut statt Verzweiflung, die das Ganze ins Rollen brachten.

Die transnationalen Giganten verstanden es lange Zeit hervorragend, die Regierungen und selbst die Gewerkschaften in den Dienst ihrer Sache zu stellen. Meist genügten ein Hinweis auf die Gefährdung der Wettbewerbsfähigkeit und die leise Drohung mit Produktionsverlagerung. Die Erfolge dieser Methode konnten sich sehen lassen: Mit den Steuersätzen auf Konzerngewinne ging es steil nach unten, und das, obwohl in den Jahren vor der Krise Rekordergebnisse erzielt worden waren. Die ArbeitnehmerInnen wurden knapp gehalten, in den Geldbörsen blieb immer weniger. Die Zahl der – unbezahlten – Überstunden ging steil nach oben. Die Mehrheit der Menschen arbeitete länger und schlechter abgesichert für geringeren Lohn.

Die Globalisierung, das war bis dahin nicht die Zunahme internationaler Vernetzung oder gar des globalen Miteinander, sondern der über Jahrzehnte von den USA und der EU vorangetriebene Wettlauf jeder gegen jeden, im Rennen um die jeweils attraktivsten Bedingungen für Investoren.

Spätestens mit der Lissabon-Strategie hatte die Europäische Union das Dogma »Wettbewerbsfähigkeit« zum obersten politischen Ziel erklärt. Wir sollten »die Besten« werden. Schneller, größer, klüger als alle anderen. Dem Rest immer eine Nasenlänge voraus. Merkwürdigerweise fiel den meisten nicht auf, dass wir damit eigentlich gar kein Ziel hatten. Schließlich ging es dabei nicht um den Sieg im Hahnenkammrennen, um die intelligenteste Lösung etwa des Energieproblems oder um ein Mehr an Lebensqualität. Es ging nur um mehr und immer noch mehr, mehr als im Jahr davor. Und nebenbei ums Fressen, um selbst nicht gefressen zu werden.

Das brachte eine enorme Verschwendung an physischer wie psychischer Energie mit sich. Was es allein kostete, Konkurrenten aus dem Feld zu schlagen! Auf der Jagd nach Marktführerschaft konnte weder auf die Bedürfnisse der ArbeitnehmerInnen noch der KonsumentInnen oder der Umwelt besondere Rücksicht genommen werden. Falls es doch (noch) Regelungen für diese Bereiche gab, standen sie jedenfalls den Gewinninteressen im Weg. Und hohe Gewinne – das konnten Konzernherren lange Zeit uns allen weismachen, waren schließlich in unser aller Interesse. Wodurch sonst sollten all die teuren Wünsche (man denke nur an sichere Arbeitsplätze und Renten, eine öffentliche Gesundheitsversorgung oder Umweltschutz) finanziert werden? Die Produktion, das war klar, musste immer billiger werden, dafür sorgte schon der Wettbewerb unter den Anbietern. Solange Rohstoffe und Transport die Bilanzen nur wenig belasteten, machte in vielen Fällen die Arbeit einen wesentlichen Kostenfaktor aus. Um die AktionärInnen gewogen zu halten, waren Opfer gefordert, ansonsten könne für den Standort nicht garantiert werden.

Spätestens seit den 1980er-Jahren wurden so Stück für Stück soziale Errungenschaften der letzten 150 Jahre im Namen der »Wettbewerbsfähigkeit« rückgängig gemacht.

Als der Crash kam, war auch das nicht mehr genug. Jetzt forderten die Global Player staatliche Unterstützung, weitere Steuererleichterungen und ein weitgehendes Aufweichen der Klimaziele. Zusätzliche Maßnahmen zur CO_2-Reduktion wären in dieser Situation nicht mehr leistbar, argumentierten sie. Ein absurder Gedanke. Wenn es je einen Zeitpunkt gab, an dem wir in eine geänderte Klima- und Energiepolitik investieren mussten, dann aus Anlass dieser Krise. In der nächsten würde es sehr viel teurer werden – oder schon zu spät sein.

Die Regierungen reagierten erst einmal ganz nach dem eingeübten Muster und schnürten Rettungspakete für »ihre« Konzerne. Es war ein Fass ohne Boden. Noch bevor die ersten hundert Milliarden Euro geflossen waren, wurde die Schlange der Bittsteller bereits immer länger.

Erst ein gemeinsamer Aufruf von Initiativen aus mehreren Mitgliedsstaaten (selbst Regierungsmitglieder und ehemalige Staatschefs fanden sich unter den UnterzeichnerInnen), unterstützt von nationalen und EU-Parlamentariern, stoppte schließlich die nur schlecht koordinierten Stützungsversuche. Statt den ins Straucheln gekommenen Riesen ein »Weiter-wie-Bisher« zu ermöglichen, forderte der Aufruf eine gemeinsame Kraftanstrengung für eine von fossilen Energieträgern weitgehend unabhängige Union und eine insgesamt intelligentere, ressourcenschonendere Produktion.

Mit Konkurrenz untereinander war da nicht viel zu holen. Ein mit Milliardensummen mühsam wieder in Gang gesetzter Wachstumswettlauf würde einen nur noch rücksichtsloseren Ressourcenverbrauch zur Folge haben.

Die folgenden EU-Gipfel hatten wenig gemein mit den exklusiven Treffen der Vergangenheit. Was dort diskutiert und beschlossen wurde, stand im Zentrum der öffentlichen Debatte, über alle nationalen Grenzen hinweg. Es ging darum,

Kräfte zu bündeln und gemeinsam nach den besten Mitteln zu suchen, um das vorgegebene Ziel zu erreichen. ExpertInnen und Delegierte von Nicht-Regierungsorganisationen und den wichtigsten Interessengruppen wurden den Fachministerräten beigestellt, entsprechende Hearings fanden auch im EU-Parlament statt. Dabei wurden die Ziele um ergänzende Bedingungen, vor allem im sozialen Bereich, erweitert und ein erster Maßnahmenkatalog entwickelt. Und da war plötzlich wirklich etwas vom gemeinsamen Europa spürbar.

Der Startschuss für die ökologische Investitionsoffensive fiel mit den ersten »Standortschutzabkommen« (eigentlich: »Kooperationsabkommen zum Schutz der lokalen und globalen Umwelt«) innerhalb der Union. Zu Beginn waren sie vor allem für die osteuropäischen Länder gedacht, aber auch für ein paar Regionen der »alten« EU-15, die während der Wirtschaftskrise nur knapp am Zusammenbruch vorbeischrammten. Viele davon waren bis dahin stark von der Auto- bzw. Zulieferindustrie abhängig, Branchen, die in der alten Form und Größe nicht beibehalten werden konnten.

Die Abkommen stützen also zweierlei, den ökonomischen Aufholprozess und den ökologischen Strukturumbau. Zusammen mit VertreterInnen lokaler Gruppen (ArbeitnehmerInnen, Umweltschutzorganisationen, Genderbeauftragten und Unternehmerverbänden – wobei in Letzteren kleine und mittlere Unternehmen überproportional vertreten waren) werden für die einzelnen Länder/Regionen jeweils maßgeschneiderte Programme entwickelt. Koordiniert und unterstützt wird dieser Prozess von einem neu geschaffenen EU-Fonds, der neben finanziellen Mitteln auch fachliches Know-how zur Verfügung stellt. Der Fonds speist sich zum einen aus einem gewissen Anteil der Einnahmen aus der Körperschaftssteuer der Mitgliedsstaaten, zum anderen direkt aus den Mitteln des – deutlich aufgestockten – EU-Budgets. Im Gegenzug verpflichten sich die Länder, ihre Körperschaftssteuern schrittweise nach oben an das EU-Niveau anzupassen und ihrerseits Investitionsprogramme in die lokale Infrastruktur (öffentlicher Nahverkehr, Kommunikationsdienstleistungen etc.) zu starten.

Bei allen nationalen (zum Teil auch regionalen) Unterschiedlichkeiten finden sich ein paar wesentliche Faktoren in all diesen Programmen wieder. Neben verbindlichen Regeln für Investoren (ArbeitnehmerInnenschutz, soziale Sicherheit, Umweltschutzauflagen etc.) gilt es vorrangig, die Wertschöpfung in den jeweiligen Ländern/Regionen zu halten. Das bringt direkte Vorteile für die lokalen Zulieferbetriebe und deren Beschäftigte. Die Förderungen sind außerdem an Mindestlohnvereinbarungen gekoppelt, die wiederum an die Produktivität gekoppelt sind, damit die Lohnquote am Volkseinkommen nicht sinken kann. Die koordinierte Lohnpolitik und die schrittweise Anpassung sozialer und arbeitsrechtlicher Standards erweisen sich als äußerst wirksam im Kampf gegen die in den letzten Jahrzehnten gewachsene Ungleichverteilung.

Europaweit verpflichtend waren und sind Investitionsprogramme in öffentliche Dienstleistungen, vorwiegend in das Bildungs- und Gesundheitswesen. Die Zielvorgabe »10/15« (d. h. maximal 10 SchülerInnen pro Klasse bei den bis 10-Jährigen, bei den Älteren wurden die bekannten Klassenverbände aufgelöst. Wissen wird in Gruppen und Teams von maximal 15 SchülerInnen in wechselnder Zusammensetzung erarbeitet.) konnte auf diese Weise schon in fast allen Mitgliedsstaaten erreicht werden. Ebenso rasant wächst das Angebot für die Umschulung und Weiterbildung von ArbeitnehmerInnen, die aus den im Schrumpfen begriffenen Branchen mit hohem Ressourcenverbrauch in die neuen Jobfelder wechseln wollen. Ein bunter Mix aus Kooperationen zwischen Betrieben, Universitäten, Erwachsenenbildnern und dem öffentlichen Bereich machte und macht es möglich, Plätze zeitgerecht und in ausreichender Zahl zur Verfügung zu stellen.

Alle Maßnahmen werden von den regionalen Ausschüssen ständig auf ihre Auswirkungen hinsichtlich Klimaschutz, aber auch gegenüber den Nachbarländern und -regionen überprüft. Das Abwerben von Betrieben aus anderen Regionen der EU mittels Steuergeschenken oder anderen Zuwendungen ist unzulässig, stattdessen wurden die Mittel des Strukturfonds deutlich angehoben. (Mehr zum Stichwort Finanzierung siehe Kapitel »Fair steuern!«)

Was zuerst auch innerhalb der Union – beinahe gönnerhaft – als Unterstützung für die »Nachzügler« gedacht war, entwickelt sich im wechselseitigen Austausch zu einem regelrechten Kreativfeuerwerk. Einen richtigen Schub bekamen die NachhaltigkeitsstrategInnen noch einmal, seit endlich auch die Länder des Südens und aus dem ostasiatischen Raum den gegenseitigen Wissens- und Erfahrungsaustausch bereichern. Das Ausmaß der Effizienzsteigerungen und Einsparungen wird an einem seit einigen Jahren deutlich sinkenden Ressourcenverbrauch sichtbar. Das Ziel, den »ökologischen Fußabdruck« der Union bis 2030 auf ein global nachhaltiges Maß zu reduzieren, scheint damit realistisch.

Anstatt den europaweiten Sozialabbau zu forcieren, halfen die Kooperationsabkommen mit, eine Spirale nach oben in Gang zu bringen. Den ehrgeizigen Plänen bei Klimaschutz und Nachhaltigkeit folgten bald ebensolche im Bereich der sozialen Sicherungssysteme. Zwischen den Mitgliedsstaaten darf es kein Dumping mehr geben. Das spiegelt sich mittlerweile auch in den vertraglichen Grundlagen der Union wider. Die Freiheit des Handels und des Kapitals stößt an Grenzen, sobald sie auf Kosten der Menschen oder der Umwelt geht.

Auch global bringt die Union heute ihr Gewicht ein, um Standards zu setzen. Bei den Auflagen für grenzüberschreitend tätige Investoren und Konzerne konnte in großen Teilen auf einen bereits existierenden Normenkatalog der UNO zurückgegriffen werden. Die »draft norms on the behaviour of transnational corporations« führen Arbeitsrecht, Sicherheitsstandards, Umwelt-, Gesundheits- und KonsumentInnenschutz zusammen. Daneben enthalten sie strenge Sanktionen gegen

Korruption und Bestechung. Seit den frühen 2010er-Jahren sind sie für Konzerne, die ihren Sitz in der EU haben, weltweit rechtsverbindlich. Sie gelten für die gesamte Produktionskette, also auch für sämtliche Zulieferbetriebe, und waren damit ein zentrales Instrument, um Dumping in diesen Bereichen zu unterbinden. Produkte mit einem solchen EU-Zertifikat können außerdem – ebenso wie alle fair gehandelten Produkte – zollbegünstigt in die Europäische Union eingeführt werden. Das gilt auch für alle Fabrikate von außerhalb der EU beheimateten Herstellern, sofern sie sich verbindlich an die »draft norms« halten. Deren Auswirkungen sind meist rasch vor Ort sichtbar, sie unterstützen effizient eine soziale und ökologische Entwicklung. Nicht zertifizierte Produkte können nur gegen Vorlage eines entsprechenden Energiebilanz-Nachweises eingeführt werden. Die Einfuhren sind kontingentiert. So wird sichergestellt, dass energieintensive Produktion nicht einfach ausgelagert werden kann.

Insgesamt hat die Europäische Union mit den Kooperationsabkommen eine 180-Grad-Wende vollzogen. Nicht die Schaffung weltweiter Konkurrenzmärkte, womit in erster Linie die Exportinteressen der eigenen Konzerne bedient wurden, prägt die Agenda, sondern wechselseitiger Austausch und faire Handelsbeziehungen auf Basis der ökonomischen, sozialen und kulturellen Menschenrechte. Mit ihrem einseitigen Verzicht auf den Export von Gütern, die in Konkurrenz zur lokalen Produktion in Ländern mit Nachholbedarf stehen, setzte die EU einen viel beachteten Schritt. (Eine ausführliche Darstellung findet sich im Kapitel »Gerechter Handel statt Freihandel«.) Innerhalb der UNO setzt sich die EU dafür ein, die »draft norms« weltweit verbindlich umzusetzen. Zudem drängt sie auch auf eine effiziente globale Fusionskontrolle und auf Größenschranken für Konzerne. Zwar war deren Macht nach dem Crash stark geschwächt, aber es gilt nach wie vor, die marktbeherrschende Stellung einzelner Riesen zu brechen. Zu oft hatten sie Innovation, gerade im Bereich erneuerbarer Energien, zu verhindern gewusst oder durch ihre schiere Größe Staat und Gesellschaft ihre Regeln aufgezwungen.

Der globale Wettlauf der Vergangenheit hatte die Vernichtung der natürlichen Ressourcen vorangetrieben. »Standortsicherung«, das hat heute die Sicherung der Lebensgrundlagen der Menschen im Blickpunkt. Zielgerichtete Zusammenarbeit ist an die Stelle eines weitgehend zweckbefreiten Konkurrenzkampfes getreten. Die kollektive Selbstzerstörung ist aus der Mode gekommen. Das brachte allerhand Nebenwirkungen mit sich – so sank etwa der europaweite Verbrauch an Psychopharmaka um gut 70 Prozent. Für die dadurch frei gewordenen medizinischen Forschungskapazitäten werden sich sinnvollere Verwendungen finden.

Schlechte Zeiten für Egomaniacs. Wer seinen Vorteil auf Kosten anderer durchsetzen möchte, darf mit Widerstand rechnen. Das neue Motto lautet: Gemeinsam, im Interesse aller. Und weil eben dieses »gemeinsame Interesse« bis auf ein paar wesentliche Punkte immer wieder neu festgemacht werden muss, braucht Demokratie Beteiligung. Daran mangelt es nicht, seit der Ausstieg aus der Standortkonkurrenz Alternativen wieder möglich machte.

Das Korsett der »Sachzwänge«, das der Politik um die Jahrtausendwende Zentimeter um Zentimeter an Gestaltungsspielraum raubte, bis der Demokratie zuletzt buchstäblich die Luft wegzubleiben drohte, ist gesprengt. Das Desinteresse aus der Zeit, in der die Regierungen die Bevölkerung glauben machen konnten, dass sie ohnehin keine Wahl hätten (vermutlich haben sie das selbst geglaubt), ist einem beinahe enthusiastischen In-Angriff-Nehmen der Probleme gewichen.

6 Der Bezahlt-wird-nicht-Tag

Unser Europa der öffentlichen Güter

Claus Faber

22. Februar 2021: Ein anstrengender Tag. Bis spät in den Abend haben wir verhandelt, wie die Finanzlage der städtischen Verkehrsbetriebe saniert werden kann. Aber wir haben uns zusammengestritten im Kontrollrat. Die VertreterInnen der Stadt erhöhen den Zuschuss, die Belegschaft akzeptiert ein Kostensparprogramm (ohne Lohndumping und Auslagerungen, vermerkten wir für sie im Protokoll) und wir – die VertreterInnen der Fahrgäste – akzeptieren eine kleine Tariferhöhung. Mein Sitz im Kontrollrat ist ein Ehrenamt. Zwar muss mich mein Arbeitgeber für die Dauer der Sitzungen freistellen, aber das ist nur ein kleiner Teil der Arbeit. Ich muss Versammlungen bestreiten, Netzwerke pflegen und mich darum kümmern, dass ich gewählt werde.

Seit dem großen Krach ist Politik mehr Arbeit geworden. Aber es macht Freude und es ist ein wichtiger Teil der Gemeinschaftsarbeit. Früher waren wir nur einige Vereinsmeier, die sich die Hacken abliefen in der Hoffnung, der Politik und der Großindustrie (damals gab es wenig Unterschied zwischen den beiden) wenigstens ein wenig Menschenwille entgegenzusetzen. Jetzt sitzen wir gewählt in den Leitungsgremien und entscheiden mit. Wir haben dort neue Möglichkeiten, aber auch neue Lasten: Wir müssen uns bei den Menschen in Bus und U-Bahn unsere Legitimation holen. Wir müssen nicht nur überzeugen, sondern uns auch selbst überzeugen lassen.

Wie kam es bloß dazu?

Als im Jahr 2008 die Finanzmärkte zusammenbrachen, diskutierte man noch, ob es eine (kurze) »V«-Rezession würde oder eine (lange) »U«-Rezession. Und dann (dachte man) ginge es weiter wie gehabt. Niemand hatte wirklich vorausgesehen, was noch alles passieren würde. Dass in einem beispiellosen Übernahmewahn die größten Unternehmen ihre trudelnde Konkurrenz schlucken würden, bis sie selbst Übernahmekandidaten waren – kranke Wale am flachen Strand, belastet mit mehr als 35 Billionen Dollar fauler Kredite. Nur war niemand mehr übrig, der sie retten konnte. Dass nach Island eine Reihe weiterer Staaten wie Ungarn und Mexiko bankrott gingen bei dem Versuch, sie aufzufangen. Dass in den anderen Ländern niemand mehr wusste, wer die Steuern zahlen sollte, mit denen die Finanztürme aufgefangen werden sollten, die wie ein Kartenhaus zusammenkrachten. Dass schlussendlich eine weltweite Währungsreform einen Teil der milliardenhohen Geldvermögen einzog und die Besitzer damit am Schluss sogar einverstanden waren.

In meiner Stadt begann es so: Die Verkehrsbetriebe unserer Stadt wurden von einem privaten Großkonzern kontrolliert, der auf öffentliche Versorgung spezialisiert war. Der Konzern wurde von seiner Banktochter in Turbulenzen gerissen, musste sparen und setzte auch noch die Fahrpreise massiv hinauf. Da tauchte eine kleine Gruppe von Sponti-AktivistInnen auf und proklamierte den »Bezahlt-wird-nicht-Tag«, an dem alle schwarz fahren sollten. Die AktivistInnen nannten den Autor Dario Fo und die EuroMayday-Bewegung als Vorbild, die im letzten Jahrhundert erstmals die Idee aufbrachten, sich die Dinge einfach anzueignen, die ihnen gehören.

Der Konzern reagierte mit dem Einsatz einer Armee von Kontrolloren, Sicherheitsleuten und Polizei, und da flog ein Pulverfass in die Luft. Die ganze Stadt stürmte Bahn und Bus, fuhr feiernd spazieren und verlachte die Ordnungshüter. Als der Konzern als Gegenmaßnahme den Betrieb einstellte, revoltierte auch die Belegschaft, übernahm den Betrieb – und fuhr ohne Lohn weiter. Es war ein Riesenvolksfest, das so lange dauerte, bis der Konzern aufgab und der Stadt die Verkehrsbetriebe um einen symbolischen Betrag zurückgab. Die Stadt war aber leider ebenfalls pleite und wollte das Rationalisierungsprogramm fortsetzen. Da streikte die Belegschaft. Das brachte das Fass zum Überlaufen, die Stadtregierung wurde aus dem Amt gejagt. Binnen weniger Monate hatten wir zwar unsere Verkehrsbetriebe wieder, aber alle Lenkungsstrukturen verloren.

Einmischen für Brot und Rosen

Es folgten ein paar schwierige Jahre, in denen jeder versuchte, die eigene Haut zu retten. Die Belegschaft kämpfte um ihren Lohn. Die Stadt kämpfte mit ihren leeren Kassen. Die Menschen fanden sich drein, manchmal einen Bus zu haben und manchmal nicht. Die Politik kämpfte darum, die verschiedenen Klientelen zu befriedigen, ohne aus dem Amt gejagt zu werden. Es war mühsam. Ein Effekt war aber nicht mehr rückgängig zu machen: Die Diskussion war eröffnet, und sie konnte nicht mehr unterdrückt werden. Dass wir alle »unsere« Busse besetzt hatten, hatte unser Selbstbewusstsein gestärkt.

Aber da war noch mehr.

Ich stieß am Bezahlt-wird-nicht-Tag auf eine Gruppe von Frauen, die durch die Straßen zogen und das alte Lied von 1912 sangen: »Gebt uns das Brot, doch gebt uns die Rosen auch«. Da wurde mir klar, dass es um mehr geht als nur darum, dass wir günstige und gute Verkehrsmittel haben. Mir wurde klar, wie satt wir alles hatten. Wir hatten es satt, von Politik und Wirtschaft nur als SteuerzahlerInnen oder als KundInnen, als politische Störenfriede oder als Stimmvieh oder nur einfach wie Luft behandelt zu werden. Wir wollten endlich nicht mehr in verschiedene Teile geschnitten werden, sondern die ganzen Menschen sein, die wir sind: Menschen mit Bedürfnissen und Hoffnungen, einem Herz zum Fühlen, einem Hirn zum Denken und mit Mündern und Händen, um die verschiedenen Ebenen in absichtsvolles Handeln zu verwandeln.

Gut war, dass wir uns auf einige Jahrzehnte Erfahrung berufen konnten. 2006 noch sagte John Bolton, der amerikanische Vertreter in der UNO, dass es nur politische und individuelle Menschenrechte gäbe, aber keine ökonomischen, sozialen oder kulturellen. Im Klartext: Jeder hat das Recht, selbst sein Essen zu suchen, aber wenn er keines findet, ist das sein Problem. Schon damals war der Aufschrei laut. VordenkerInnen wie Vandana Shiva, Walden Bello oder Susan George forderten eine Erweiterung auf das Recht auf Ernährungssouveränität, Entwicklung, ökonomische und kulturelle Selbstbestimmung und mehr. Gesetz wurden sie zuerst in Südamerika: Im Jahr 2008 legte die neue Verfassung von Ecuador fest (»con infinito amor – mit unendlicher Liebe«, stand auf dem Deckblatt jenes Büchleins, das sie an alle Menschen verteilten), dass alle Menschen ein Recht auf Wasser, Nahrung, eine gesunde Umwelt hätten und (der Text bezog sich auf ein altes indigenes Wort dafür) auf »gutes Leben«. Die damals erneuerten Verfassungen von Venezuela und Bolivien enthielten Ähnliches.

Aber wir in dem Trümmerhaufen, der mal der »Westen« war, hatten auch unsere lang vergessenen Vorbilder. Der griechische Philosoph Platon sagte: »Nicht das Leben ist das höchste Gut, sondern das gute Leben.« Das war für uns das Wichtigste: Wir wollten nicht einfach am Leben sein. Wir wollten das gute Leben. Wir wollten nicht nur das Brot, wir wollten die Rosen auch.

Und wir hatten unsere Institutionen: Es gab eine lebendige NGO-Szene, Initiativen und Vereine, in denen Menschen vielfach auf hohem professionellen Niveau Politik machten. Für diese Leute war »empowerment« kein Fremdwort. Diese Vereinigungen waren Kristallisationspunkte der Entwicklung.

Es war aber eine verrückte Zeit damals zur Jahrtausendwende. Die Finanzmärkte schwammen in Geld und niemand wusste mehr, wohin damit, damit es auch »arbeitete«. (Haben Sie Geld schon mal arbeiten sehen? Absurde Ansichten hatten diese Leute damals.) So erfanden sie einerseits immer wagemutigere Finanzkonstruktionen. Um das hohe Risiko daraus auszubalancieren (Portfoliotheorie hieß das), brauchte es andererseits einige Investments mit geringem Risiko. Öffentliche Dienste kamen da gerade recht, denn nirgendwo sonst gibt es Kunden, die fest an der Leitung hängen und nicht wegkönnen. Gleichzeitig ächzten die Staaten unter immer höheren Lasten und geringeren Steuereinnahmen (Investoren zahlten ja praktisch keine Steuern) und so fanden sich zwei notleidende Partner: Die Konzerne übernahmen die öffentlichen Dienste und bekamen einen Markt und die Staaten bekamen Geld.

So entwickelten sich weltweite sogenannte Multi-Utility-Konzerne, die sich um alles kümmerten, was Infrastruktur betraf: Strom, Wasser, Abwasser, Verkehr, Telefon, Internet, Fernwärme. Die Konzerne notierten wiederum an der Börse und ihre Aktien waren gut für die Risikostreuung. Öffentliche Geldnot und privater Reichtum schafften, was die Investoren wünschten: die Erschließung neuer Märkte und die Umschichtung der Profite zu ihren eigenen Gunsten.

Zwei Konzepte aus dem vergangenen Jahrhundert des Neoliberalismus haben unsere öffentlichen Dienste ruiniert: Kommmodifizierung und Unternehmerisierung. Vielleicht war es Absicht, dass diese Begriffe so kompliziert waren. Es hat lange gebraucht, bis wir begriffen haben, wie sehr sie uns schadeten.

Kommodifizierung hieß, alles als Ware zu sehen und nicht zu akzeptieren, dass es irgendetwas Sinnvolles gibt, was keine Ware wäre. Alle Güter und Dienstleistungen, erzählten uns jahrzehntelang Manager, Politiker, Spekulanten (ja, es waren durchwegs Männer) und alle, die ihnen glaubten, seien also wie ein Packerl Milch oder ein Unterhemd. Und natürlich könnte die freie Wirtschaft diese am besten zur Verfügung stellen. Und am besten würden diese Güter natürlich auf freien Märkten gehandelt: Alle sollten mit ihrem Geld hinausgehen und kaufen, was ihnen beliebt – was sie nicht kaufen, sei wohl unbeliebt und deswegen wohl auch nicht notwendig. »Kein Kunde« hieße »kein Preis« und »kein Preis« hieße »kein Wert«. So wurden die wichtigsten Dinge unserer Gemeinschaft buchstäblich wert-los.

Es gab zwar die »Theorie der unvollständigen Märkte«, mit der aber wiederum nur erklärt wurde, wie der Markt grundsätzlich doch wieder funktionieren könne: Der Staat solle seinen Schäfchen Geld zahlen, damit sie etwas kaufen könnten, oder er solle selber als Kunde auf den Markt gehen. Er sollte aber – Gott bewahre – nicht selbst produzieren, denn dann würde die Wirtschaft ja nicht daran verdienen.

Eine Theorie. Dummerweise funktionierte sie nicht. Die Behörden hatten ihre liebe Not mit Bestellung, Kontrolle und Einforderung ihrer Leistung. Bald kosteten die Dienste mehr als zuvor. Es waren mehr Anwälte beschäftigt, die Streitigkeiten zu schlichten, als zuvor Beamte, um die Dienste zu organisieren. Die Leistungen waren oft schlecht und unzuverlässig, die Arbeitsbedingungen rutschten immer weiter in den Keller und sorgten regelmäßig für Streiks.

Die privaten Unternehmer sorgten mit ihren Gewinnerwartungen für einen regelmäßigen Abfluss von öffentlichem Geld in private Hände. Alles, was unter 25 Prozent Rendite einbrächte, sei uninteressant, sagte der damalige Vorstandschef der Deutschen Bank, Josef Ackermann. Aber wir wollten definitiv nicht der Deutschen Bank unser Geld schenken, nur damit bei uns das Wasser aus der Leitung käme. Noch dazu verbrauchten die privaten Betreiber eine Menge Geld für unnütze Dinge: Die öffentliche Pensionskasse hatte gerade 2 Prozent Verwaltungsanteil. Die privaten Pensionskassen verbrauchten 20 Prozent und mehr für Werbung und Vertrieb. Großes Kopfzerbrechen machte der Zeitbegriff der Privaten: Die Anleger holten ihr investiertes Geld in wenigen Jahren wieder heraus, um es woanders anlegen zu können. Die britische Bahn im letzten Jahrhundert war allen ein warnendes Beispiel gewesen: 1996 um 2,5 Milliarden Pfund privatisiert, bekam sie vom Staat hernach den Erlös und noch viel mehr, um unter anderem ihren Eigentümern Milliarden Dividenden zu zahlen. 2001 war der Spuk vorbei. Die bankrotte Firma hinterließ 63 Tote, mehr als 400 Verletzte und einen Schuldenberg von 4,9 Milliarden Pfund.[1]

In anderen Sektoren lief es ähnlich. 19 000 britischen Haushalten wurde das Wasser abgedreht, weil sie die um die Hälfte höheren Rechnungen nicht bezahlen konnten.[2] Am Ende musste der Staat einspringen und ein Drittel des Leitungsnetzes erneuern. Alles zusammen kostete ein Vielfaches der alten, angeblich so ineffizienten öffentlichen Dienste. Am Schluss gab es einen kleinen Markt für die Reichen (dort schien der Markt zu funktionieren) und Almosen für den Rest. Wer sich eine private Wasseraufbereitung leisten konnte, war auf der Sonnenseite. Für den Rest kam chlorduftende Brühe aus der Leitung.

Es hat einfach nicht funktioniert. Es gibt Dienste und Leistungen, die öffentlich nicht nur besser sind, sondern auch noch billiger.

Die *Unternehmerisierung* gab den öffentlichen Diensten dann den Rest: Eine Heerschar an Beratern überfiel unsere Stadtverwaltung und erklärte ihr, wie sie ihre eigenen öffentlichen Dienste endlich auf Vordermann bringen könnte: rationalisieren, ausrichten auf den Cash flow, auslagern, die Produktpalette streamlinen. Mit einer Flut an englischen Begriffen, die unsere damaligen Gemeinderäte kaum begriffen, erklärten sie, wie man Geld sparen könnte.

So strukturierten die schicken Harvard-Boys die Post, die Bahn, die städtischen Verkehrsbetriebe, die Universitäten und

Volkshochschulen und vieles mehr so lange um, bis niemand mehr die öffentlichen von den privaten Diensten unterscheiden konnte. Der Sprung zur Privatisierung war dann nur mehr klein. Wenn ein Betrieb mich unfreundlich behandelt, wenn ich dort zahlen muss wie sonst auch überall, wenn die Sozialtarife wegfallen, wozu soll der Laden dem Staat gehören? Die Harvard-Boys konnten zufrieden sein: Sie berieten ihre Kunden gleich auch in Sachen Privatisierung.

EU: Vom Rammbock zum Lösungsweg

Die Europäische Union war bis zur Krise der richtige Rammbock, um störrischen Nationalstaaten das Liberalisieren beizubringen. Eine Reihe sektoraler Richtlinien und Verordnungen zwang zu geöffneten Märkten: Die drei Eisenbahnpakete, die Liberalisierung des Straßengüterverkehrs, der Postdienste, der Energiewirtschaft, der Wasser- und Abwasserdienste und der Gesundheitsversorgung sorgten dafür, dass außer dem Militär praktisch nichts unter staatlicher Kontrolle blieb. Für die Politiker auf nationaler Ebene war dies ein geniales Doppelspiel: Sie konnten sich selbst in Brüssel hinter verschlossenen Türen »zwingen« zu liberalisieren und sich angesichts nationaler Protestbewegungen damit rechtfertigen, dass »die EU« schuld sei. Als der große Krach kam, waren praktisch alle »Märkte« für öffentliche Dienste bereits liberalisiert und private Konzerne fraßen den öffentlichen Betrieben ihre finanzielle Grundlage weg. Wer als Politiker zukunftsträchtig sein wollte, hatte »seine« öffentlichen Dienste schon verkauft. Wer standhaft geblieben war, saß auf dem Rest, den niemand in der Privatwirtschaft haben wollte. Kein Politiker ahnte, wie schnell sich der Wind drehen sollte.

Zum Glück war Europa vor dem Krach – noch – voller Demokratien und große Länder wie Großbritannien und Frankreich hatten schon einige Jahre vor uns ihre Krisen mit den öffentlichen Diensten durchlebt. So kam es, dass die weiteren sektoralen Liberalisierungen ab 2008 stecken blieben – im Europäischen Parlament gab es keine Mehrheit mehr für die Marktfreiheit. Da die Regierungen nun selbst mit den großen privaten Dienstleistern kämpften, war auch der Rat nicht mehr für Liberalisierung zu haben. Mit der nächsten EU-Kommission drehte auch dort der Wind und erstmals entwarf die Kommission Vorschläge zur Re-Regulierung. In mehreren bereits liberalisierten Märkten – angefangen bei der Energie, wo die Schwierigkeiten am größten waren – wurde »nachgebessert«. Die Betreiber hatten strikte öffentliche Auflagen zu erfüllen: Leistungsqualität, Sozialtarife, ein Umweltprogramm. Die EU-Umweltagentur legte Parlament und Rat für jeden Sektor ein Nachhaltigkeitsprogramm vor, das die Betreiber in die Pflicht nahm. Wichtigste Hürde war die Entschärfung des Vergaberechts. Die Mitgliedsstaaten durften nunmehr Sektoren definieren, die sie öffentlich bewirtschaften wollten, ohne dem EU-Wettbewerbsrecht zu unterliegen, Die Staaten nützten die neuen Freiheiten und machten den privaten Betreibern den Abschied leicht: Es war einfach nicht mehr genug Geld zu verdienen in den öffentlich regulierten Märkten.

Die große Neugründung der Union kam vor sieben Jahren, aber das ist eigentlich eine andere Geschichte. Nur so viel: Die neue Verfassung schuf das »öffentliche Gut« und ein EU-Gesetz erlaubte die Gründung europäischer öffentlicher Unternehmungen. Die erste gründeten Spanien, Frankreich, Deutschland und Großbritannien zum gemeinsamen Betrieb ihrer Hochgeschwindigkeitszüge. Eine zweite, für die Telekommunikationsnetze, ist in Planung.

International ist die Transformation noch im Laufen. Nachdem die größten Wirtschaftsblöcke in der WTO – allen voran China, die USA und die EU – einseitig das GATS außer Kraft gesetzt hatten, war die Organisation jahrelang gelähmt. Erst vorletztes Jahr startete eine Allianz von Staaten aus dem Süden einen neuen Anlauf und demnächst wird der erste ernst zu nehmende Reformvorschlag diskutiert. Die WTO soll eine Organisation der UNO werden (sonst droht ein Dutzend großer Länder mit dem Austritt aus der WTO) und es soll einen neuen Rahmenvertrag geben, das General Agreement on Public Services (GAPS). Auf EU-Ebene gibt es einen Parlamentsbeschluss über die Partizipation der Bevölkerung an den Verhandlungen.

Öffentliche Dienste: Vorbild, Signal, Ruhekissen

Am Anfang stand also der Wunsch, selbstbestimmt zu leben, eigene Angelegenheiten selbst zu regeln. Es folgten die Umsetzung dieses Anliegens, die Klärung unserer Bedürfnisse und welche Dienstleistungen wir uns dazu erwarteten: Wir erwarteten nichts weniger als das Recht, in einer Gemeinschaft genügend Lebensgrundlagen zu haben, um angstfrei leben zu können.

Wir wollten, dass öffentliche Dienste nicht Almosen seien, sondern ein Vorbild – für Arbeitsbedingungen, für Wirtschaftsformen, für das Zusammenwirken von vielen verschiedenen Anspruchsgruppen, für nachhaltiges Wirtschaften. Öffentliche Dienste sind ein Mittel zur Integration: Wenn der (jetzt nur mehr millionen- statt milliardenschwere) Bankmanager dasselbe Wasser trinkt wie wir, neben uns in der U-Bahn steht und in gleichen Spitalszimmern liegt, dann wissen wir, dass wir trotz aller Unterschiede noch ein Stück von der einen Gesellschaft haben, die wir uns wünschen.

Öffentliche Dienste sind ein politisches Signal geworden: Wir – die Öffentlichkeit – bestimmen, was wir wie und mit welchen Mitteln produziert haben wollen. Wir lassen uns in unseren Anliegen nicht mehr vertreten, um alle fünf Jahre draufzukommen, dass wir getreten statt vertreten wurden. Karl Kraus sagte vor hundert Jahren, dass sich ein mündiger Bürger in seine eigenen Angelegenheiten einmische. Wir wollten nie wieder darauf verzichten. Wir wollten uns auch nicht mehr auf den alten Staat verlassen, denn zu oft hatte er uns verlassen und verraten. Der alte Staat hatte ja die Misere mitgemacht: Der hatte liberalisiert, der hatte restrukturiert, der hatte privatisiert, der hatte dereguliert. Der alte Staat hat auch die Kapitalschwemme angerichtet, die uns den Krach von 2008 beschert hat. Es war vorbei mit dem Vertrauen in den Staat. Wir wollten etwas anderes: Wir waren die Öffentlichkeit.

Öffentliche Dienste sind auch ein unverzichtbarer Puffer gegen die Achterbahn der Wirtschaft geworden. Als sich die Finanzkrise von 2008 in die größte Wirtschaftskrise aller Zeiten auswuchs, wurde klar, dass wir neben der globalisierten Wirtschaft einen sicheren Hafen brauchten – ein »Leo«, wie beim Fangenspielen. Das Leo sollte die wichtigsten wirtschaftlichen Basisfunktionen enthalten und genug Arbeitsplätze, um bei einer neuerlichen Krise zumindest ein Minimum an Wirtschaftsaktivität und Einkommen zu sichern. Wir haben erkannt, dass der öffentliche Sektor – unvernetzt mit den Kapitalmärkten und öffentlich kontrolliert – ein wichtiger Sicherheitspuffer ist. Große Investitionen können antizyklisch erfolgen, die Refinanzierung ist nicht von einem sprunghaften Kreditmarkt abhängig, und wenn alle Betriebe aus Kostengründen die Ausbildung streichen, bieten öffentliche Dienste Sonderprogramme an. Öffentliche Dienste beschäftigten vor dem Krach rund ein Sechstel der Menschen. Jetzt ist es rund ein Viertel geworden. Dieses Viertel der Wirtschaft ist unser Polster, auf das wir fallen, wenn es eng wird.

Vor einigen Jahren ist unsere Stadt zur Ruhe gekommen. Die Verkehrsbetriebe fahren wieder und das Leitungswasser ist wieder trinkbar. Es gab einen umfassenden Diskussionsprozess in allen Bezirken und danach eine Volksabstimmung, welche Bereiche öffentlich sein sollten: Natürlich waren dies zuerst Polizei, Rettung und Feuerwehr. Weiters wurden Wasser und Abwasser, öffentlicher Verkehr, Energie, Fernwärme, der kommunale Teil der Bildung mit Büchereien und Volkshochschulen und der Wohnbau beschlossen. Dazu kamen noch einige kleinere Betriebe wie Bestattung und diverse Sozialdienste. Nach langem Druck gab es ein auch landesweites Referendum zur Frage, welche die nationalen öffentlichen Dienste sein sollten. Das Ergebnis war: Gesundheit, Verkehr, Schulen, Universitäten, Altersvorsorge, Post, Notenbank und – ein Novum – eine KonsumentInnenbank für Leute ohne Bonität.

Die »Öffentliche Gesellschaft in Teilhabe«

Was zum Schluss fehlte, waren Strukturen, um diese öffentlichen Unternehmen auch lenken zu können. Dem Staat trauten wir nicht, die Privaten hatten wir gerade rausgeworfen, ein nur von der Belegschaft verwalteter Betrieb erinnerte uns zu stark an die Sowjetunion zu Zeiten unserer Großväter – wer sollte die Unternehmen führen? Es etablierte sich ein dreigeteiltes Modell unter dem Titel »Teilhabe«: Alle Gruppen, die an einem öffentlichen Dienst Interesse haben, sollten an ihrem Betrieb teilhaben. So kam man auf den Kontrollrat, der die Unternehmensleitung bestellt und strategische Entscheidungen trifft. Der Kontrollrat ist drittelparitätisch besetzt: mit dem staatlichen Eigentümer als Vertreter der SteuerzahlerInnen, dem Betriebsrat als Vertretung der MitarbeiterInnen, und einem NutzerInnen-Beirat mit Sitz und Stimme. Mindestens die Hälfte aller Delegierten müssen Frauen sein. Das alles wurde in ein neues Gesetz gegossen und damit schuf man eine »globalisierungsfreie Zone«. Mit einer politischen Entscheidung (zu Beginn war es eine Volksabstimmung, in Zukunft genügt ein Parlamentsbeschluss) werden »öffentliche Güter« definiert, die nicht nach den Gesetzen des Marktes agieren, sondern bei denen die Öffentlichkeit Leistungen und Bezahlung bestimmt. Für diese Güter schuf das Gesetz eine neue Unternehmensform, die »Öffentliche Gesellschaft in Teilhabe«

(ÖGiT). Jede Körperschaft im Land darf eigene ÖGiTs gründen, genießt damit Steuervorteile (denn wozu soll der Staat an den Staat Steuern zahlen?), muss aber die Regeln über die gemeinsame Teilhabe einhalten.

Übrigens: Den Bezahlt-wird-nicht-Tag haben wir noch immer, nur ist er jetzt ein Feiertag, an dem wir wie damals alle gratis fahren. Wir feiern den Tag, an dem wir unsere U-Bahn zurückerobert haben.

Anmerkung aus dem Jahr 2008: Gegenwärtig gibt es keinerlei solide Zahlen, wie viel Wirtschaftsleistung oder Arbeitsplätze die öffentlichen Dienste in Europa tatsächlich haben. Die EU-Kommission hatte auf eine diesbezügliche Anfrage des EU-Parlaments im Februar 2008 peinlicherweise keine Antwort. Schätzungen gehen von 25 Prozent aus, allerdings inklusive des hoheitlichen Sektors.

1 http://www.fundinguniverse.com/company-histories/Railtrack-Group-PLC-Company-History.html, http://news.bbc.co.uk/2/hi/business/1395038.stm

2 www.attacberlin.de/fileadmin/SiG/sandimgetriebe11_02.pdf

7 Gesundheit und Lebensqualität

Unser gesundheitsförderndes Europa

Martin Rümmele, Martin Sprenger

Im Hinblick auf die Gesundheitsversorgung kann von einem vereinten Europa innerhalb der Europäischen Union noch keine Rede sein. Die Unterschiede in der Qualität der Gesundheitssysteme und im Gesundheitszustand der Bevölkerungen zwischen alten und neuen EU-Mitgliedsstaaten sind enorm. »Gibt es heute einen Eisernen Vorhang zwischen dem kranken und dem gesunden Europa?«, fragte der frühere slowenische Ministerpräsident Alojz Peterle, Mitglied der Initiative »Europaabgeordnete gegen Krebs« im Herbst 2008 bei einer Konferenz in Salzburg. So sei »die Wahrscheinlichkeit, dass ein Kind im ersten Lebensjahr stirbt, in Rumänien sechsmal so hoch wie in Schweden«. Eine Hauptursache für diese große Kluft sei die unterschiedliche wirtschaftliche Situation, erklärte Andrzej Rys, Leiter der Abteilung Öffentliche Gesundheit in der EU-Generaldirektion für Gesundheit und Konsumentenschutz. Die Maßnahmen zur Verringerung der wirtschaftlichen Unterschiede würden automatisch auch im Gesundheitsbereich zu Verbesserungen führen. Die Programme zur Verringerung der gesundheitlichen Ungleichheit zwischen sozialen Gruppen würden ebenfalls helfen, die Unterschiede abzubauen.

Wirtschaftswachstum also als Mittel zur Gesundheitsförderung? Tatsächlich gibt es starke Zusammenhänge zwischen Einkommen, sozialem Status, Bildungsniveau und Gesundheit. Das soziale und wirtschaftliche Umfeld beeinflusst unsere Gesundheit wesentlich stärker als etwa die medizinische Versorgung oder unsere genetischen Voraussetzungen.

Der wettbewerbs- und wirtschaftsbezogene Weg der EU erreichte bisher allerdings eher das Gegenteil. Er ist sogar eher gesundheitsschädigend, weil die EU-Kommission derzeit massiv an einer Öffnung der Gesundheitsmärkte arbeitet. Die Folge sind Liberalisierungen etwa durch Klagen vor dem Europäischen Gerichtshof gegen einzelne Länder zur Lockerung der Apothekensysteme oder gegen öffentliche Beihilfen für Krankenhäuser. Diese wären nämlich wettbewerbsverzerrend für private AnbieterInnen, meint die Kommission. Bisher ist sie zwar beim Europäischen Gerichtshof (EuGH) mit diesen Vorstößen abgeblitzt, weil dieser die Gesundheitsversorgung als nationale Agenda ansieht. Dennoch versucht es die Kommission weiter.

Erst Ende 2008 hat sie einen Entwurf für eine entsprechende Richtlinie vorgelegt. PatientInnen, die sich jenseits der eigenen Staatsgrenze behandeln lassen wollen, sollen rechtlich abgesichert werden. Im Bereich der Kostenerstattung soll sich die Höhe an den Kosten für dieselbe Behandlung im Herkunftsland orientieren. Beträge, die darüber hinausgehen, zahlen die Versicherten. »Normalerweise lassen sich die Menschen am liebsten von einem Arzt in ihrer Nähe behandeln. Es gibt aber Fälle, in denen eine Versorgung in einem anderen Land sinnvoll oder erforderlich ist«, formulierte der damalige EU-Gesundheitskommissar Markos Kyprianou seine Einschätzung Anfang 2008. Dies gelte vor allem für EU-BürgerInnen, die in ihrer Heimat aufgrund hoher Zuzahlungen oder langer Wartelisten keine angemessene Versorgung erhalten. Einige Staaten haben sogar Programme aufgelegt, um PatientInnen den Weg ins Ausland zu ebnen. 2001 stellte zum Beispiel Norwegen eine Milliarde Kronen für den Verkauf von Gesundheitsdienstleistungen bereit, um die eigenen Wartelisten durch »Auslagerungen« von PatientInnen zu verkürzen. ÄrztInnen und Sozialversicherungen haben bereits vor finanziellen Belastungen für die einzelnen Länder gewarnt. Viele EU-Staaten fürchten, dass ein erhöhter PatientInnenzustrom das eigene Gesundheitssystem überfordern könnte.

Parallel dazu soll es in der EU in Zukunft möglich sein,

nicht nur für rezeptfreie Medikamente wie etwa Aspirin zu werben, sondern auch über verschreibungspflichtige Arzneien zu »informieren«. Ein umstrittener Richtlinienentwurf der EU-Kommission sieht vor, dass Pharmakonzerne künftig in Zeitungen und Zeitschriften sowie im Internet – nicht aber in TV und Radio – über Produktmerkmale, Kennzeichnung, Verpackung sowie wissenschaftliche Studien, Vorbeuge- und Behandlungsmaßnahmen »informieren« dürfen. Nachdem viele Jahrzehnte fast ausschließlich Ärztinnen und Ärzte als Zielgruppe umworben wurden, soll in Zukunft dieser »Umweg« vermehrt eingespart werden. Was »Information« zu Pharmazeutika genau ist und ab wann sie als Werbung gilt, ist aber bis dato in den EU-Staaten sehr unterschiedlich geregelt und soll durch den Richtlinienvorschlag nun klarer definiert werden. Außerdem soll es dafür künftig genaue Kontroll- und Beobachtungsmechanismen in den EU-Staaten geben. Viele Mitgliedsländer, darunter auch Österreich, protestieren gegen eine Lockerung des Werbeverbots. In erster Linie müsse verhindert werden, dass PatientInnen ungefragt mit Pharmaprospekten überschüttet werden dürfen und dann ihre Ärzte verstärkt drängen, vermeintlich sinnvolle Produkte zu verordnen. Proteste gegen die neuen »Informationsmöglichkeiten« gibt es auch vonseiten der Krankenkassen, die durch die Werbemittel einen weiteren Anstieg der Medikamentenkosten fürchten.

Gesundheitspolitik ist somit in der EU bisher vor allem Wettbewerbspolitik und Wirtschaftspolitik. Kein Wunder, der Gesundheitsbereich ist mit 15 Millionen Beschäftigten nicht nur der größte Arbeitsbereich, sondern auch ein gigantischer Markt. Allein für Arzneimittel werden innerhalb der EU pro Jahr 175 Milliarden Euro ausgegeben. Die gesamten Gesundheitsausgaben werden auf rund 1200 Milliarden Euro geschätzt. So viel Geld weckt Begehrlichkeiten. Weil die Pharmaindustrie zudem laut ExpertInnen immer weniger echte Innovationen auf den Markt bringt und viele Medikamente ihren Patentschutz verlieren, versucht sie den Umsatz ihrer bestehenden

Produkte und Scheininnovationen durch Marktöffnungen zu steigern. Gleichzeitig entstehen Großhandelskonzerne und private Klinikketten, die immer öfter öffentliche Krankenhäuser übernehmen, weil die öffentliche Hand kaum noch in der Lage ist, diese zu finanzieren. Es scheint, als ob die derzeitige Politik der EU vor allem den großen Interessengruppen im Gesundheitsbereich dient und nicht so sehr der Gesundheit der Bürgerinnen und Bürgern.

Um Lösungen für ein gesundes und gesundheitsförderndes Europa zu entwickeln, muss man sich zuerst die Frage stellen, worin die wichtigsten Herausforderungen im 21. Jahrhundert bestehen.

Zum einen sind dies sicherlich demografische Entwicklungen. Aufgrund sinkender Geburtenraten bei noch immer steigender Lebenserwartung sind fast alle Industrieländer mit einer abnehmenden, immer älter werdenden Bevölkerung konfrontiert. Schon heute sind 20 Prozent der EinwohnerInnen der Europäischen Union 60 Jahre und älter. Bis 2050 wird sich dieser Anteil auf ca. 35 Prozent erhöhen. Hinzu kommen epidemiologische Veränderungen, die in den vergangenen 50 Jahren zum Rückgang der Infektionskrankheiten und zur Zunahme von chronischen, nicht heilbaren Erkrankungen geführt haben. Neben Erkrankungen des Herzkreislauf- und Atemsystems, Krebs- und Stoffwechselerkrankungen sind heute vor allem chronische Erkrankungen des Stütz- und Bewegungsapparates sowie der Psyche Hauptursachen für Krankenstand und vorzeitige Pensionierung. Am Beginn des 21. Jahrhunderts zeigen sich Herz-Kreislauf- und Krebserkrankungen verantwortlich für 75 Prozent der Todesfälle. Ungefähr 60 Prozent unserer Gesundheitsausgaben werden für die Behandlung der chronischen, nicht heilbaren Erkrankungen ausgegeben.

Die traditionellen Netzwerke verlieren, bedingt durch eine zunehmende Mobilität, vermehrte Berufstätigkeit der Frauen, den Wandel traditioneller Familienstrukturen und die Individualisierung und Singularisierung der Gesellschaft zusehends an Kompetenz. Die Folge ist eine zunehmende Verlagerung der Pflege- und Krankenversorgung in den stationären Sektor, der diese Mehrbelastung nur unter immensem Ressourcenaufwand bewältigen kann.

Die rasante Markteinführung von immer teureren »Produktinnovationen« und Zusatztechnologien in Diagnostik und Therapie ist eine weitere Herausforderung für unsere solidarisch finanzierten Gesundheitssysteme. Hinzu kommt, dass es in diesem Bereich massive Wirtschaftsinteressen und einflussreiche Lobbys gibt, die eine unabhängige Evaluierung des mit diesen neuen Technologien verbundenen Nutzens und Schadens erschweren.

Angesichts dieser Herausforderungen hat die EU-Kommission, die als Exekutivorgan für die Umsetzung der Beschlüsse von Europäischem Ministerrat und Parlament zuständig ist, im Oktober 2007 ein Weißbuch »Gemeinsam für Gesundheit« vorgelegt. Dieses enthält die gesundheitspolitische Strategie der EU für den Zeitraum 2008 bis 2013.

Während vor allem die zweite Hälfte des 20. Jahrhunderts geprägt war von einem rasanten Auf- und Ausbau moderner medizinischer Krankenversorgungssysteme, deren Versorgungsparadigma vor allem darin bestand, mit allen technischen Möglichkeiten des medizinisch-pharmazeutisch-industriellen Komplexes Krankheiten zu diagnostizieren und therapieren, muss nun wieder die »Gesundheit« der europäischen Bevölkerung mehr Aufmerksamkeit erhalten. Für die BürgerInnen der EU gilt »Gesundheit« in den meisten Befragungen immer noch als allerhöchstes Gut. Fragt man genauer nach, was den »Gesundheit« sei oder bedeute, erhält man von Einzelpersonen höchst unterschiedliche Antworten. BiomedizinerInnen tun sich da schon leichter und definieren »Gesundheit« einfach als Abwesenheit von Krankheit. Aus dieser unterschiedlichen Betrachtung können sich Spannungsfelder ergeben zwischen dem Befund der handelnden Professionisten und dem Befinden der betroffenen Personen. Auch der in den vergangenen Jahren explosionsartig gewachsene Gesundheitsmarkt bietet heute eine Unzahl von Gesundheitsprodukten und Dienstleistungen an, die Faltenfreiheit, immerwährende Potenz, ewige Jugend und vieles andere versprechen. Der Gesundheitsmarkt definiert so Gesundheit ständig nach den eigenen Bedürfnissen bzw. den Bedürfnissen der KonsumentInnen neu.

Am Beginn des 21. Jahrhunderts ist Gesundheit zu einem Grundwert und einem Leitbegriff in unseren Industriegesellschaften geworden. Leo A. Nefiodow spricht von einem Megamarkt, der zur Wachstumslokomotive (dem sechsten Kondratieff-Zyklus) im 21. Jahrhundert werden könnte. Der Wirtschaftstheoretiker stellt aber auch fest, dass Wachstum im derzeitigen »Gesundheitswesen« nur stattfinden kann, wenn es noch mehr Kranke und noch mehr Krankheiten gibt. Im Ende 2008 erschienenen Report der Gmündner Ersatzkasse (GEK) zur ambulant-ärztlichen Versorgung in Deutschland kann man lesen, dass die Zahl der Arztbesuche in Deutschland von 16,3 im Jahr 2004 auf 17,9 in 2007 angestiegen ist. Bezogen auf die bundesdeutsche Bevölkerung waren somit im Jahr 2007 92,6 Prozent aller BundesbürgerInnen mindestens ein Mal bei einem/einer niedergelassenen Arzt/Ärztin.

So wie aus zwölf Produkten der Pharmazeutischen Industrie im Jahr 1930 inzwischen etwa 12 000 geworden sind, hat sich auch die Zahl der Krankheiten auf über 12 400 erhöht. Immer mehr Menschen werden von einem industriellen Komplex aus Medizin, Pharmafirmen und anderen Profiteuren im Gesundheitsmarkt krankgeredet und zum Teil auch krankgemacht. Selbst die von Nefiodow prognostizierten Zukunftsfelder, wie Biotechnologie, Naturheilverfahren, Naturwaren, Naturkost, komplementäre/alternative Medizin, Wellness, Fitness-, Sport- und Freizeitindustrie, Gesundheitstourismus, brauchen vor allem etwas, und das in großer Masse, nämlich die besorgten Gesunden, die sogenannten »worried well«. Werden wir uns ab dem Jahr 2010 alle genetisch testen lassen, um dann bestimmte Erkrankungen zu fürchten und zu glauben, ihnen durch die Inanspruchnahme der diversen Angebote des Gesundheitsmarktes vorbeugen zu können?

Der Fokus auf Krankheiten hat unsere Krankenversorgungssysteme immer weiter von der »Gesundheit« entfernt und auch die Gesundheitsministerien sind in den meisten europäischen Ländern zu reinen Krankenversorgungsministerien mutiert, deren oberstes Ziel es ist, die immer weiter steigenden Ausgaben für die Krankenversorgung (oft fälschlicherweise als Gesundheitsausgaben bezeichnet) in den Griff zu bekommen. Für gesunde Personen geben wir in Form von Gesundheitsförderungsprojekten in Schulen, Gemeinden und Betrieben sowie für primärpräventive Interventionen weniger als ein Prozent der Gesundheitsbudgets aus, während in die Krankenversorgung über 99 Prozent der Mittel fließen. Ähnliches gilt für die Forschung.

Während die klinische biomedizinische Forschung dank der großzügigen Unterstützung durch die pharmazeutische Industrie dominiert, gibt es viele Länder in der EU (z. B. Österreich), die sich in Bezug auf die Versorgungsforschung auf dem Niveau von Entwicklungsländern befinden. Diese in der zweiten Hälfte des letzten Jahrhunderts gewachsene Krankenhauslastigkeit unserer Systeme hat uns vergessen lassen, dass die Behandlung der meisten Befindlichkeitsstörungen und chronischen Erkrankungen sowie Betreuung und Pflege außerhalb der formalen Versorgungssysteme erfolgen. Betrachtet man die demografischen Szenarien über die nächsten 50 Jahre, dann könnte man/frau durchaus zum Schluss kommen, dass das 21. Jahrhundert das Jahrhundert der Pflege wird. Fragt sich nur, wer, wann, wo, wie und mit welchen Mitteln gepflegt und pflegen wird.

Zu oft vergessen wir zudem, dass von 1000 Befindlichkeitsstörungen ungefähr 900 von den Betroffenen selbst gelöst werden können. Von den verbleibenden 100 Problemen, die die Menschen ins formale Krankenversorgungssystem führen, können 90 in der allgemeinmedizinischen Praxis geklärt werden. Von den verbleibenden zehn müssen neun zum Facharzt und nur ein Patient muss stationär ins Krankenhaus.

Paradoxerweise haben die expliziten gesundheitspolitischen Handlungsfelder wie die niedergelassene und stationäre Krankenversorgung zwar einen großen Einfluss auf die Lebensqualität von akut und chronisch erkrankten Menschen – zur Erhaltung und Förderung der Gesundheit trugen die 10 Prozent des Bruttoinlandsproduktes (knapp 30 Milliarden Euro), die Österreich im Jahr 2007 für die Versorgung von Kranken verwendete, aber nur zu einem geringen Ausmaß bei. Der Sachverständigenrat für die Konzertierte Aktion im Gesundheitswesen in Deutschland kommt in seinem Gutachten zu dem Ergebnis, dass in reichen Ländern der Anteil des Krankenversorgungssystems zur Verbesserung der Gesundheit der Gesamtbevölkerung lediglich bei 10 bis 30 Prozent liegt.

Oberstes Ziel der Gesundheitspolitik muss es deshalb sein, allen Mitgliedern der Gesellschaft unabhängig von Alter, Geschlecht, Einkommen, Hautfarbe, Glaubensbekenntnis und anderen Merkmalen ein hohes Maß an Gesundheit zu ermöglichen und die Unterschiede bei den Gesundheitschancen und -ergebnissen möglichst gering zu halten.

In diesem Sinne lauten auch die vier grundlegenden Prinzipien des bisher noch kaum umgesetzten EU-Weißbuchs:

- Die Gesundheitspolitik sollte intern wie extern auf klaren Wertvorstellungen beruhen, wie dem Zugang zu einer flächendeckenden, qualitativ hochwertigen Versorgung, Verteilungsgerechtigkeit und Solidarität, Stärkung der Bürgerrechte und der Verringerung gesundheitlicher Benachteiligungen.
- Gesundheit ist das höchste Gut. Gesundheit ist für das Wohl des/der Einzelnen wie der Gesellschaft insgesamt von Bedeutung, eine gesunde Bevölkerung ist aber auch Voraussetzung für wirtschaftliche Produktivität und Wohlstand.

- Gesundheit in allen Politikbereichen. Die Gesundheit der Bevölkerung ist nicht nur ein Thema für die Gesundheitspolitik, auch andere Bereiche der Gemeinschaftspolitik spielen eine wichtige Rolle.
- Mehr Mitsprache der EU in der globalen Gesundheitspolitik.

Diesen Prinzipien könnte man durchaus zustimmen, denn dieses Verständnis von Gesundheitspolitik beruht auf dem Wissen, dass die wichtigsten Determinanten unserer Gesundheit wie Bildungs-, Sozial- und Wirtschaftspolitik, Einkommen und Einkommensverteilung, Sozialkapital, Beschäftigung, Wohn-, Lebens- und Arbeitsbedingungen, die Qualität unserer Umwelt etc. außerhalb des Einflussbereiches der klassischen expliziten Gesundheitspolitik liegen. Es muss sich deshalb zunehmend die Erkenntnis durchsetzen, dass sich das Ziel einer weiteren Verbesserung der Gesundheit von Individuen und Bevölkerungen im Kontext der epidemiologischen, demografischen, technologischen, sozioökonomischen und gesellschaftlichen Veränderungen nur unter einer verbesserten Effizienz, Effektivität und Gerechtigkeit in der Verwendung der zur Verfügung stehenden Ressourcen und durch die Kooperation aller Politikbereiche erreichen lässt.

Wenn man allerdings den zahnlosen und unspezifischen Maßnahmenkatalog des Weißbuches liest, muss man sich fragen, ob hier nicht schon wieder ein Papier für die Schublade produziert wurde. Außerdem sind die meisten empfohlenen Maßnahmen nicht besonders neu, so finden sich Empfehlungen zur »Verringerung von gesundheitlicher Benachteiligung«, »zur Stärkung der Gesundheitskompetenz«, »zur Förderung der Gesundheit älterer Menschen und der Beschäftigten«, »zur Förderung der Gesundheit von Kindern und Jugendlichen«, »zur Weiterentwicklung und Erarbeitung von Maßnahmen zu Tabak, Ernährung, Alkohol, psychischer Gesundheit und anderen umweltbedingten und sozioökonomischen Gesundheitsfaktoren« etc. in ungezählten Papieren seit mehreren Jahrzehnten. Es wird deshalb Zeit, diesen Erkenntnissen endlich konkrete Taten folgen zu lassen.

Bereits die Charta der Menschenrechte garantiert allen Menschen einen gleichberechtigten Zugang zu Gesundheitsleistungen. Tatsache ist aber, dass eine große Anzahl von Menschen in der EU im Krankheitsfall aus den unterschiedlichsten Gründen nicht von diesem Netz aufgefangen wird. Die genaue Zahl sowie die demografische und soziale Zusammensetzung der Betroffenen wurden noch nie erhoben. Aus der Nichtbeschäftigung mit dem Thema resultieren Versorgungsdefizite, Anonymisierung und Tabuisierung, mit allen damit verbundenen Problemen. Es wird deshalb Zeit, die in diesem Bereich notwendige Forschung zu fördern, um eine Basis für entsprechende Maßnahmen zu erhalten.

Armut macht krank! In Bevölkerungsgruppen mit einem geringen sozialen Status bezüglich des Einkommens, der Bildung oder der beruflichen Stellung konnte seit langer Zeit und in vielen Ländern ein erhöhtes Auftreten fast aller physischen und psychischen Erkrankungen nachgewiesen werden. Seit mehreren Jahren ist in einigen Ländern sogar eine deutliche Zunahme der Gesundheitsdifferenzen zwischen den sozialen Schichten zu beobachten. Nicht die Gleichheit von Gesundheit bei möglichst vielen Menschen, sondern die Chancengleichheit, die Gesundheit zu erhalten oder zu erhöhen, sollte als ökonomisches, soziales und ethisches Ziel in allen Gesellschaften angestrebt werden (»Health for all«).

Unsere Gesundheitssysteme benötigen eine Neuorientierung in Richtung von Zielen, die Bedingungen herstellen, die allen Menschen ein Leben in Gesundheit ermöglichen. So haben zum Beispiel im April 2003 in Schweden alle Parteien einstimmig ein Gesetz verabschiedet, das elf nationale Gesundheitsziele definiert, die die Basis einer neuen nationalen Gesundheitspolitik bilden, bei der das Thema Gesundheit ab sofort in allen Politikbereichen berücksichtigt wird.

Das Thema »Health in all policies« (HiAP) war auch ein Schwerpunkt der finnischen Ratspräsidentschaft. Als Höhepunkt fand im Herbst 2006 in Kuopio/Finnland eine HiAP-Konferenz statt, bei der die Verringerung von sozialen und gesundheitlichen Ungleichheiten zur vorrangigen gesundheitspolitischen Aufgabe erklärt wurde. Dabei waren sich alle Anwesenden einig, dass diese Aufgabe vom Gesundheitssektor und seinen Akteuren nicht allein bewältigt werden kann, sondern es einer intersektoralen gesundheitsförderlichen Gesamtpolitik bedarf.

Parallel werden aber die Menschen im 21. Jahrhundert auch wieder mehr Eigenverantwortung für ihre Gesundheit übernehmen müssen. Potenzial gäbe es. Wie könnte es sonst sein, dass etwa jeder Norweger durchschnittlich dreimal, aber jeder Deutsche mehr als 16-mal im Jahr zum Arzt geht? Mit Sicherheit wird es eine starke gemeindenahe Versorgung brauchen, im Sinne des vom Allgemeinmediziner Harald Kamps vorgeschlagenen »Nächsten Effektiven Interventionsniveaus« (NEIN): »Daran ist nur der Name kompliziert. Es bedeutet: Nicht mit dem Mercedes fahren, wenn das Ziel um die Ecke auch zu Fuß zu erreichen ist. Noch konkreter: Nichts dem Arzt überlassen, was jede Oma besser weiß. Nichts dem Arzt überlassen, was die Gemeindekrankenschwester besser regelt. Nichts dem Facharzt überlassen, was der Hausarzt besser überblickt. Nichts dem Krankenhaus überlassen, was der Facharzt um die Ecke auch kann.«

So wie in der Wirtschaft braucht es auch in Bezug auf die Gesundheit mehr Chancengleichheit und mehr ökonomische Gleichheit. Es darf von den Gesellschaften im 21. Jahrhundert nicht mehr akzeptiert werden, dass Menschen aus den unteren Einkommensgruppen im Schnitt um bis zu zehn Jahre früher versterben als Menschen mit höherem Einkommen. Inakzeptabel ist neben der verkürzten Lebenserwartung auch die erhöhte Krankheitshäufigkeit von sozial benachteiligten Personen und Gruppen.

In seinem Buch *Kranke Gesellschaften* stellt der Gesundheitswissenschaftler Richard Wilkinson eindeutig fest, dass das Ausmaß der Einkommensunterschiede in einer Gesellschaft einer der wichtigsten Faktoren für die Gesundheitsergebnisse ist und dass diese die Gesundheit durch die Auswirkungen auf den sozialen Zusammenhalt beeinflussen. Eine gesundheitsfördernde Wirtschafts- und Sozialpolitik sollte deshalb statt einer Förderung von Werten wie Leistung, Konkurrenz, Gewinn und Wachstum verstärkt in Sozialkapital, Vertrauen, Solidarität und gesellschaftliche Verantwortung investieren.

Um die soziale Ungleichheit bei den Gesundheitschancen zu verringern, müssen unsere Gesundheitssysteme auch transparenter und demokratischer werden. So können zum Beispiel Gesundheitsberichte dazu betragen, dass wichtige Handlungsfelder oder Bevölkerungsgruppen mit erhöhtem Risiko bzw. Bedarf rascher erkannt werden. Aber auch im Bereich der Krankenversorgung sollte die Qualität bei der Leistungserbringung, des Leistungsspektrums, der Leistungsfähigkeit und des Qualitätsmanagements einsichtig sein, um der Bevölkerung einen Einblick in die Qualität des Angebots zu ermöglichen und damit auch den qualitätsorientierten Wettbewerb zwischen den Anbietern zu fördern. Neben der Ausstattung der Einrichtung, dem Behandlungsangebot, der Fallzahl, einer Diagnosen- und Leistungsstatistik könnten auch Angaben zu Erfolgs- und Komplikationsraten transparent gemacht werden. Es sollte eine Transparenzkultur gefördert werden, die der Seite der Nutzer, der Leistungserbringer, der Leistungsfinanzierer und der Politik gerecht wird.

Neben der Qualität sollten auch die Kosten von Leistungen und Interventionen und der damit verbundene Nutzen transparent gemacht werden. Speziell neue Technologien müssen einem unabhängigen sogenannten Health Technology Assessment (HTA) unterzogen werden. Dabei werden Technologien und Produkte auf ihren tatsächlichen Nutzen hin untersucht und bewertet. Leider gibt es in vielen europäischen Ländern noch viel zu wenig solcher unabhängiger Einrichtungen. Es ist deshalb dringend nötig, dass zur Finanzierung derartiger Technologiefolgenabschätzungen auch mehr EU-Mittel freigemacht werden und die entsprechenden Einrichtungen so vor dem Druck der Industrie, den diese oft auf Finanziers ausübt, geschützt werden.

Die demokratische Beteiligung der Bevölkerung an den Entscheidungen und Entwicklungen im Gesundheitswesen ist in vielen Ländern der Europäischen Union noch unterentwickelt. Zwar sind die individuellen Rechte der BürgerInnen in der Charta der Menschenrechte und nationalen Gesetzen formuliert, trotzdem werden viele Entscheidungen im Gesundheitssystem durch andere Interessen geleitet als die der BürgerInnen oder PatientInnen. Die Einrichtung von unabhängigen PatientInnenvertretungen und -sprecherInnen ist ein wichtiges Instrument, um die vielen Umlaufbahnen um den Gesundheitsglobus an ihre PatientInnenorientierung und BürgerInnen an ihre Rechte zu erinnern. Leider sind auch diese Einrichtungen zumeist chronisch unterfinanziert und unterbesetzt. In Zukunft sollten die Länder der EU auch verstärkt danach beurteilt werden, wie gut es ihnen gelingt, echte Mitbestimmung und Partizipation auf allen Entscheidungsebenen zu ermöglichen.

Der Gesundheitsbereich ist von einer Informationsasymmetrie zwischen Nachfrage und Angebot gekennzeichnet, was es für die PatientInnen als Konsumierende in der Regel unmöglich macht, die angebotenen Leistungen und die dadurch erzielten Ergebnisse zu beurteilen. Viele Medien zeichnen ein Bild, das in der Regel die Möglichkeiten der modernen Medizin überzeichnet. Risiken, unerwünschte Wirkungen, Unsicherheiten sowie wissenschaftliche Kontroversen werden in der Regel verschwiegen. In der Informationsflut der Gegenwart scheint es fast unmöglich, über unabhängige Medien die Menschen mit zeitgerechter, relevanter und unabhängiger Information in verständlicher Form zu versorgen. Auch hier ist die EU massiv gefordert, kluge und innovative Ideen entweder selbst zu entwickeln oder deren Entwicklung zu fördern. Statt der erwähnten und geplanten Lockerung des Werbeverbotes für rezeptpflichtige Produkte sind Regulierungen notwendig. Selbstbeschränkungen, die es in Ehrenkodizes von Medien gibt und die eine objektive Berichterstattung ermöglichen sollen, greifen zu kurz. Vielmehr müssen gerade Arzneimittelhersteller gezwungen werden, Finanzierungen etwa von Selbsthilfegruppen oder sogenannten Awareness-Kampagnen, die statt für Produkte für den Schutz vor bestimmten Krankheiten »werben« (z. B. Zeckeninfektion, Grippe, Gebärmutterhalskrebs, Vogelgrippe usw.) offenzulegen und bei entsprechenden Inseraten auch zu vermerken, wie dies unter anderem auch Transparency International fordert.

Parallel dazu ist die EU auch gefordert, mehr Transparenz im Bereich der Forschung, Preisbindung und Zulassung der Pharma-, Medizintechnik- und Medizinprodukteindustrie zu schaffen. Weil etwa oft die Grenzen zwischen Forschung und Vertrieb verschwinden und Unternehmen unter dem Deckmantel der Forschung ihre Produkte unter das Volk bringen, muss die Forschung künftig verstärkt öffentlich finanziert werden. Ein abzulehnendes Beispiel sind sogenannte Anwendungsbeobachtungen, bei denen einzelne Arnzeimittelunternehmen ÄrztInnen dafür bezahlen, dass sie Fragebogen von PatientInnen ausfüllen, die dann nie ausgewertet werden. Solche Anwendungsbeobachtungen dienen unter dem Vorwand der Forschung schlicht dazu, ÄrztInnen dafür zu honorieren, dass sie PatientInnen bestimmte Medikamente verschreiben.

Ähnliches gilt für die ärztliche Fortbildung, die in manchen Mitgliedsländern stark von der Industrie finanziert wird. ÄrztInnen werden somit primär über jene Entwicklungen und »Neuerungen« informiert, die im Interesse der Unternehmen, nicht zwingend aber in jenem der öffentlichen Gesundheitsversorgung sind. Hier sind Richtlinien zu erlassen, die eine Finanzierung der Fortbildung durch die Industrie untersagen.

Stattdessen muss die Fortbildung öffentlich finanziert werden. Ein so möglicherweise fehlender Praxisbezug ist dadurch sicherzustellen, dass die öffentliche Hand prüft, welche Informationen von der Industrie tatsächlich zugekauft werden müssen. Wie die finanziell maroden öffentlichen Systeme Fortbildung und Forschung finanzieren sollen? Ganz einfach. Bisher sind die Kosten Teil der von der Industrie verlangten Preise. Muss die Industrie die Fortbildung und klinische Forschung nicht mehr finanzieren, lassen sich auch die Preise senken. Die öffentlichen Gesundheitssysteme könnten so die zusätzlichen Kosten für mehr Transparenz und Objektivität in Forschung und Fortbildung durch niedrigere Arzneimittel- und Medizinproduktepreise finanzieren.

Erste Schritte, wie sich die EU hier einbringen kann, hat sie Ende 2008 bereits gesetzt. Da warfen die EU-Wettbewerbshüter der Pharmaindustrie vor, die Einführung preiswerter Nachahmermedikamente zu behindern und den Gesundheitssystemen dadurch Milliardenschäden zu verursachen: Laut Wettbewerbskommissarin Neelie Kroes zeigten erste Ergebnisse einer Untersuchung, dass die Gesundheitssysteme von 17 EU-Staaten in den Jahren 2000 bis 2007 drei Mrd. Euro hätten sparen können, wenn Generika schneller verfügbar gewesen wären. »Die Kommission wird nicht zögern, Kartellverfahren gegen Firmen zu eröffnen, wenn es Anzeichen gibt, dass Wettbewerbsregeln verletzt wurden«, warnte Kroes. Die Strafen könnten empfindlich sein. Firmen verzögerten laut Kroes durch illegale Absprachen und Missbrauch ihrer Patente den Marktstart günstiger Generika. Davor hatte die Wettbewerbsaufsicht unangekündigt Geschäftsräume mehrerer Hersteller durchsucht. Bei den Razzien will die Kommission kompromittierende Unterlagen gefunden haben. In einem Fall seien 1300 Patente für ein einzelnes Medikament beantragt worden. In fast 700 Fällen habe es Rechtsstreitigkeiten gegeben, die im Schnitt drei Jahre gedauert hätten. Zudem seien mehr als 200 Vergleiche zwischen Herstellern von Originalarzneien und Generika geschlossen worden. Bei rund 10 Prozent davon sei der Markstart der Nachahmer hinausgeschoben worden, wobei die Generikafirmen Zahlungen erhalten hätten.

Der hier nächsten Schritt – die Hinterfragung von Patenten im Gesundheitsbereich – fehlt aber noch. Wenn Patente nicht mehr dazu dienen, echte wissenschaftliche Innovationen und Forschungen zu schützen, sondern lediglich dazu genutzt werden, Konkurrenten aus dem Markt zu drängen und die Preise von Produkten hoch zu halten, sollte die EU auch die Möglichkeit haben, solche Patente aufzuheben bzw. deren Beantragung abzulehnen. Ein zeitlich befristeter Patentschutz zur Sicherung der Forschungsfinanzierung sollte nur dann noch bestehen können, wenn die neuen Technologien wie erwähnt einem unabhängigen HTA unterzogen wurden und echter Nutzen und echte Innovation belegbar sind. Gleichzeitig hat die EU von der Industrie Transparenz einzufordern, was die tatsächlichen Forschungs- und Entwicklungskosten eines neuen Produktes betrifft. Bisher gibt die Industrie Preise vor und argumentiert pauschal mit Kosten von rund 900 Millionen Dollar pro Produkt. Allerdings sind nicht alle Produkte in der Entwicklung gleich teuer und zudem werden oft bereits Marketingausgaben in die Entwicklungskosten eingerechnet. Basis für Preisanträge muss künftig eine völlige Offenlegung der Forschungsausgaben sein.

Die Folge wäre auch eine Entlastung für die finanziell angespannten Gesundheitssysteme. Sie werden innerhalb der EU zum Großteil durch Abgaben auf Löhne und Gehälter finanziert. Daraus ergibt sich eine starke Abhängigkeit von der Situation am Arbeitsmarkt. Die in den 60er- und 70er-Jahren geborenen »Babyboomer« sind heute 40 bis 50 Jahre alt. Aufgrund ihrer großen Zahl und relativ hohen Beiträge sollten sie den Gesundheitssystemen eigentlich goldene Zeiten bescheren. Seltsamerweise ist genau das Gegenteil der Fall. Zwar sind steuerfinanzierte Systeme (sogenannte Beveridge-Systeme) in der Mittelaufbringung generell gerechter als Sozialversicherungssysteme (Bismarck-Systeme), weil Letztere nur aus der relativ zum gesamten Volkseinkommen schrumpfenden Lohnsumme bezahlt werden. Doch auch bei den steuerfinanzierten Systemen fehlen wichtige Beiträge von Einkommen aus Vermögen, Kapitalerträgen, Vermietung und Verpachtung sowie Unternehmensgewinnen, weil die EU einerseits keine gemeinsame Steuerpolitik bei Vermögen, Kapitalerträgen und Unternehmensgewinnen verfolgt und andererseits durch die Förderung des Wettbewerbs die Besteuerung des Faktors Kapital und der Schaffung von Steuerschlupflöchern immer weiter schwächt. Spätestens wenn die geburtenstarken Jahrgänge in Pension gehen, wird man sich überlegen müssen, wie man die Finanzierung neu gestaltet.

Das wirft die Frage auf, ob Gesundheitssysteme innerhalb der EU einheitlich organisiert werden sollen. Eine Frage, die klar mit »Nein« zu beantworten ist. Sowohl Bismarck- wie Beveridge-System sind historisch gewachsen und nehmen stark auf die jeweiligen Notwendigkeiten und nationalen Bedürfnisse Rücksicht. Ein Nebeneinander solcher Systeme ist kein Hemmschuh für deren Funktionieren. Tatsächlich können die einzelnen Systeme so sogar von den unterschiedlichen Erfahrungen profitieren. Generell sind all jene Bemühungen in den Mitgliedsländern zu unterstützen, bei denen Ineffizienzen in den Systemen, die etwa durch Mischfinanzierungen von Bund und Kommunen oder Versicherungen entstehen, aufgehoben werden.

Die EU selbst muss vor allem bei generellen Rahmenbedingungen für die Systeme steuernd eingreifen, und dies hätte sogar immense Vorteile für die einzelnen Länder und deren Versicherte und Beschäftigten. Die Finanzierung der nationalen Gesundheitssysteme ist immer auch ein Spiegelbild des Reichtums, der Kultur und der Werte der jeweiligen Gesellschaft. Viele der skizzierten Herausforderungen lassen sich prognostizieren und es können/könnten rechtzeitig Strategien und Maßnahmen zu deren Bewältigung geplant und umgesetzt werden. Es gibt aber auch immer unvorhergesehene Ereignisse, die unsere Gesundheitssysteme in Gefahr bringen. Wirtschaftskrisen sind solche Ereignisse. Ähnlich wie in anderen Bereichen werden es auch im Gesundheitsbereich die Ärmsten und Schwächsten sein, die die Auswirkungen zu spüren bekommen. Dies gilt für ärmere Länder ebenso wie für benachteiligte Bevölkerungsgruppen und Einzelpersonen. Wenn wir ein demokratisches, soziales, ökologisches und friedliches Europa bauen und erhalten wollen, brauchen diese Gruppen unsere größte Aufmerksamkeit. Die Gründe liegen auf der Hand und traurige Beispiele gibt es genug. Kaum eine gesellschaftliche Entwicklung birgt mehr Sprengstoff als wachsende soziale Ungleichheiten. Vor dem Eingang zum Hauptverband der österreichischen Sozialversicherungsträger im 3. Wiener Gemeindebezirk steht ein Satz, der vom ersten Hauptverbandspräsidenten Johann Böhm 1948 formuliert wurde. Er hat gerade auch für die Zukunft der Gesundheitsversorgung Gültigkeit: »Soziale Sicherheit ist die verlässlichste Grundlage der Demokratie.«

Literatur

Green LA, Yawn BP, Lanier D, Dovey SM: The ecology of medical care revisited. New England Journal of Medicine 2001; 344: 2021–2025.

Gunnar A: Sweden's new public health policy: National public health objectives for Sweden. Swedish National Institute of Public Health. 2003.

Kommission der Europäischen Gemeinschaften: Weißbuch: Gemeinsam für die Gesundheit. Ein strategischer Ansatz der EU für 2008–2013. Brüssel, 23.10.2007

Nefiodow LA: Der sechste Kondratieff. Wege zur Produktivität und Vollbeschäftigung im Zeitalter der Information. Die langen Wellen der Konjunktur und ihre Basisinnovation. St. Augustin 2007.

Stahl T, Wismar M, Ollila E, Lahtinen E, Leppo K (eds.): Health in all policies. Prospects and potentials. Ministry of Social Affairs and Health. Health Department. Helsinki 2006.

Weltgesundheitsorganisation (WHO): Das Rahmenkonzept »Gesundheit für alle« für die Europäische Region der WHO. Aktualisierung 2005. Europäische Schriftenreihe »Gesundheit für alle«, Nr. 7. Weltgesundheitsorganisation Regionalbüro für Europa. Kopenhagen 2005.

Wilkinson RG: Kranke Gesellschaften. Wien 2001.

8 Geschlechtergerechtigkeit
Unser emanzipatorisches Europa

Elisabeth Klatzer

Nach einer langen Periode eines männerdominierten, neoliberalen EU-Projektes, von dem vor allem die Eliten und transnationalen Konzerne profitierten, konnten die Menschen in Europa eine Trendwende herbeiführen. Nach jahrelangen Protesten und einer breiten Ablehnung der zuletzt ausverhandelten Reform der EU-Verträge wurde der Wunsch der Mehrheit der europäischen Menschen umgesetzt, ein demokratisches, soziales, ökologisches, geschlechtergerechtes und friedliches Europa nicht nur in Sonntagsreden, sondern tatsächlich zu realisieren. Die Reformbewegung wurde vor allem von einer breiten zivilgesellschaftlichen Koalition getragen, in der frauenpolitische Organisationen eine bedeutende Rolle spielten.

Mit einem neuen Rahmenvertrag als Basis für die Europäische Union wurden neue Grundlagen für dieses emanzipatorische Europa geschaffen. Der Vertrag wurde unter breiter Beteiligung der europäischen Öffentlichkeit in einem Konvent vorbereitet, in dem Frauen und Männer gleichermaßen vertreten waren. Im Konvent arbeiteten VertreterInnen der europäischen Institutionen, der Parlamente der Mitgliedsstaaten sowie der Zivilgesellschaft aus allen Teilen Europas gleichberechtigt zusammen. Der Vertrag wurde – nach eingehender öffentlicher Diskussion – in Volksabstimmungen in allen Mitgliedsstaaten mit deutlicher Mehrheit angenommen.

Seitdem wurde in der EU gezielt auf eine tatsächliche Gleichstellung von Frauen und Männern in allen Politikbereichen hingearbeitet. Dabei bedurfte es entlang des Weges des nachdrücklichen Einforderns und engagierten Mitgestaltens vonseiten frauenpolitischer Organisationen. Insbesonders anfänglich wurde nicht auf moralische Appelle und Absichtserklärungen gebaut, sondern es wurden die nötigen rechtlichen Instrumente geschaffen und verbindliche Quoten eingeführt. Und so entstand Schritt für Schritt ein geschlechterdemokratisches Europa, in dem die Lebensqualität aller Menschen und das demokratische miteinander Gestalten im Vordergrund stehen.

Hier einige wesentliche Bausteine dieses geschlechterdemokratischen Europas:

Ein Europa, in dem Frauen wie Männer ganz selbstverständlich gleichermaßen an politischen, gesellschaftlichen und wirtschaftlichen Entscheidungen beteiligt sind.

Bereits der neue Rahmenvertrag hat eine Verpflichtung aller gemeinschaftlichen Institutionen und Organe zur Geschlechterparität (mindestens 40 Prozent Frauen) auf allen Ebenen eingeführt. Seitdem sind in allen EU-Institutionen Frauen mit rund 50 Prozent vertreten. Anfangs gab es einiges an Verwirrung, denn es wurde behauptet, dies wäre nicht möglich, da die Mitgliedsstaaten beispielsweise in einigen Gremien ihre VertreterInnen ja autonom entsenden. Nachdem einige wenige Sitzungen aufgrund der Verletzung dieser Bestimmung beschlussunfähig waren, wurde bald ein Modus gefunden, dies im Vorfeld abzuklären.

Für alle an der Börse notierten Unternehmen gibt es ebenfalls eine rechtliche Verpflichtung zur Geschlechterparität in allen entscheidungsrelevanten Gremien. Wird diese Bestimmung verletzt, wird der Handel der Aktien an der Börse ausgesetzt. Alle Unternehmen und Organisationen, die EU-Förderungen erhalten oder an EU-Projekten beteiligt sind, müssen neben einer geschlechterparitätischen Führung auch den Nachweis erbringen, dass es keine Lohnschere zwischen Frauen und Männern gibt sowie eine Reihe weiterer gleichstellungsfördernder Maßnahmen.

Der Zustand, dass Frauen zwar zunehmend in einigen

»weichen« Politikbereichen wie Sozial-, Kinder-, Familien- und Frauenpolitik anzutreffen sind, Männer aber in budget-, finanz- und wirtschaftspolitischen Entscheidungen dominieren, gehört der Vergangenheit an. Abgesehen davon, dass die Europäische Zentralbank, der Ecofin (Rat der Wirtschafts- und FinanzministerInnen) sowie die Europäische Kommission ohnehin zugunsten des Parlaments und der direktdemokratischen Elemente an Einfluss verloren haben, sind diese Institutionen auch geschlechterparitätisch besetzt und unterliegen dem Grundsatz der Öffentlichkeit aller Sitzungen und Dokumente.

Ein Europa, in dem Entscheidungen nicht von »einsamen« Politikern getroffen werden, sondern in einem offenen Prozess der Mitgestaltung aller Interessierten.

Die Paritätsbestimmungen sind nur ein kleiner Puzzlestein der Gleichstellung in Europa. Nicht nur die gleichberechtigte Teilhabe von Frauen wurde erreicht, sondern auch eine grundlegende Transformation der Entscheidungsprozesse. Das Europäische Parlament entscheidet nach der Anhörung und Einbeziehung einer breiten Öffentlichkeit, wobei insbesondere Frauen und zivilgesellschaftliche Frauenorganisationen zur Teilhabe eingeladen sind. Vor wichtigen Entscheidungen gibt es Hearings, die grundsätzlich allen interessierten Gruppen offenstehen. Die Ergebnisse der Anhörungen fließen in die Entscheidungsprozesse ein. Das Parlament entscheidet über europäische Gesetze (siehe auch Kapitel »Mehr Demokratie!«). Beim Parlament ist ein zivilgesellschaftlicher Frauenbeirat eingerichtet, der Anhörungs- und Rederechte in den Ausschuss- und Plenarsitzungen sowie ein Initiativrecht für Gesetzesvorschläge hat.

Ein Europa, in dem zivilgesellschaftliches Engagement, insbesondere auch von Frauen, geschätzt, gefördert und entsprechend honoriert wird.

Gesellschaftliche und politische Arbeit von zivilgesellschaftlichen Organisationen wird als wertvolle und wichtige Arbeit gewertet. Für diese Arbeit wird zivilgesellschaftlichen Organisationen eine Basisfinanzierung bereitgestellt und gleichzeitig deren volle Unabhängigkeit gewährleistet. Bei der Finanzierung von Organisationen wird darauf geachtet, dass Frauenorganisationen entsprechend berücksichtigt werden.

Ein Europa, in dem Frauen für ihre Arbeit gleich viel wie Männer verdienen.

Durch eine Reihe von Maßnahmen wurde in einem jahrelangen Kampf die Einkommensschere zwischen Frauen und Männern geschlossen. Eine bedeutende Anhebung der Mindestlöhne und die Begrenzung der Maximallöhne auf gesetzlicher Ebene, eine durchgängige Reform der Systeme der Arbeitsbewertung, die dazu führt, dass Arbeiten im Pflege- und Dienstleistungsbereich besser bewertet und bezahlt werden, die Bindung von Förderungen an gleiches Einkommen für gleichwertige Arbeit sowie Einkommenstransparenz und rigorose Sanktionierungen von Einkommensdiskriminierung führten zu Erfolgen.

Ein Europa, in dem es selbstverständlich ist, alle Politiken einer Gleichstellungsprüfung zu unterziehen. Geschlechtergerechte Budgetgestaltung ist ebenfalls integraler Bestandteil auf europäischer und mitgliedsstaatlicher Ebene.

Um sicherzustellen, dass die politischen Entscheidungen tatsächlich die Gleichstellung in Europa fördern, wurde eine verpflichtende Gleichstellungsprüfung eingeführt. Diese Prüfung wird im Rahmen der Planung von Politiken durchgeführt. Zuständig ist dafür ein unabhängiges Komitee, dessen Mitglieder für diese – bezahlte – Funktion für eine begrenzte Periode von zivilgesellschaftlichen Frauenorganisationen gewählt werden. Bei der Gleichstellungsprüfung ist es selbstverständlich, dass die Interessen und Bedürfnisse von potenziellen

NutznießerInnen der Politiken bzw. Leistungen erfasst werden und in die Gestaltung mit einfließen. So zum Beispiel werden Infrastrukturprojekte oder Regionalförderungen der EU erst nach einer intensiven Konsultation mit der Bevölkerung und einer Analyse der Auswirkungen auf Frauen und Männer bzw. auf die Gleichstellung beschlossen.

Alle öffentlichen Einnahmen und Ausgaben werden auf ihre Wirkung auf die Geschlechtergleichstellung hin überprüft und so ausgerichtet, dass sie die Gleichstellung fördern. Wie bei der Verabschiedung von Gesetzen ist auch der Prozess zur Entscheidung über das Budget vollständig verändert worden. Gleichberechtigte Teilhabe von Frauen und Männern bei der Erstellung der Budgetentwürfe, bei der Beschlussfassung über Schwerpunkte – die unter breiter Einbeziehung der Zivilgesellschaft festgelegt werden – und bei der Beschlussfassung über das Budget sind eine Selbstverständlichkeit ebenso wie die Mitwirkung von unterschiedlichen gesellschaftlichen AkteurInnen, insbesondere von Frauen und zivilgesellschaftlichen Frauengruppen.

Ein Europa, in dem nicht abstrakte Regeln über Budgetdefizitreduktion und Geldwertstabilität, sondern das Wohlergehen der Menschen, qualitativ hochwertige Arbeitsplätze, eine solidarische, geschlechtergerechte, nachhaltige und ökologische Wirtschaftsweise sowie Demokratisierung aller Lebensbereiche als primäre Ziele verfolgt werden.

Rasch wurde angesichts zunächst geringer Fortschritte allen Beteiligten am politischen Prozess klar, dass eine gleichberechtigte Teilhabe von Frauen an Entscheidungsprozessen, eine Berücksichtigung der Gleichstellung in allen Politikbereichen und eine Schließung der Einkommensschere nicht ausreichend waren, um Geschlechterdemokratie vollständig zu realisieren.

So ging es auch darum, politische Prioritäten und Inhalte der Politiken völlig zu verändern, gesellschaftliche Normen,

Verhaltensmuster und Stereotype aufzuweichen, Verteilung von bezahlter und unbezahlter Arbeit, Vermögen, Ressourcen, Zugang zu Informationen und Netzwerken, zu Technologien und Wissen grundlegend zu verändern. Das war ein großes Vorhaben, das nur in einer breiten Koalition vorangetrieben werden konnte. Zunächst waren es vor allem Frauen aus allen Bereichen der Zivilgesellschaft, Politik, Verwaltung, Wissenschaft, Kunst, Pädagogik etc., die das Projekt eines geschlechterdemokratischen Europas entscheidend mitgeprägt haben. Zunehmend aber konnten auch Männer für dieses Anliegen gewonnen werden, da klar wurde, dass diese Veränderungen ein Kernelement eines »Anderen Europa für alle Menschen« sind.

Ein Europa, in dem Männer 50 Prozent der unbezahlten und bezahlten Kinderbetreuungsarbeit, Altenpflege und gesamtgesellschaftlichen Beziehungsarbeit leisten.

Als Folge intensiver Diskussionsprozesse und einer Reihe von konkreten gesetzlichen Maßnahmen wurde die Betreuungs- und Pflegearbeit in Europa umverteilt. Kinderbetreuungsarbeit und -erfahrung zählt im Lebenslauf zu den karrierefördernden Schlüsselfähigkeiten. Zum Teil wurden bereits durch die bessere Bewertung und Bezahlung von Lehr-, Pflege- und Dienstleistungsberufen die Männeranteile in diesen Sparten erhöht. Gezielte Förderungsprogramme zur Erhöhung des Männeranteils in diesen Berufssparten sowie in der unbezahlten Kinderbetreuungs- und Pflegearbeit unterstützen eine Trendumkehr.

Durch die Einführung einer nicht übertragbaren Karenzzeit in gleichem Ausmaß für Mütter und Väter und die bedeutende Erhöhung des Karenzgeldes (für maximal 2 Jahre) konnte der Anteil von Vätern in Elternkarenz wesentlich erhöht werden. Diskriminierungen vonseiten der ArbeitgeberInnen im Falle der Inanspruchnahme von Karenzzeiten (z. B. Karriereknick) werden geahndet. Alle ArbeitergeberInnen haben darauf zu achten, dass Frauen und Männer im Unternehmen im Schnitt Betreuungspflichten gleichermaßen wahrnehmen, in einer Übergangsphase wird eine überdurchschnittliche Elternkarenzquote von Männern (mehr als 50 Prozent der Karenzierten im Unternehmen sind Männer) steuerlich belohnt. Gleichzeitig konnte ein Gesinnungswandel unter Männern herbeigeführt werden, sie nehmen nunmehr Betreuungsaufgaben ganz selbstverständlich wahr und erkennen darin auch einen Wert für sich.

Kostenlose bzw. durch Sozialversicherungssysteme finanzierte Kinder-, Kranken- und Altenbetreuungseinrichtungen stehen in ausreichendem Maße zur Verfügung. Vor allem die Kinderbetreuungsmöglichkeiten für Babys und Kleinkinder wurden bedeutend erhöht. In ganz Europa stehen Ganztagsschulen zur Verfügung, in denen die Kinder in entspannter und aufgelockerter Atmosphäre lernen, spielen, musizieren, künstlerisch tätig sind und Sport betreiben.

Ein Europa, das die reguläre Arbeitszeit pro Woche durchgängig mit maximal 30 Stunden festlegt.

Durch ein europäisches Gesetz wird die Arbeitszeit in ganz Europa begrenzt. Einige Mitgliedsstaaten erkannten den Wert der Arbeitszeitverkürzung für den Einzelnen und die Gesamtgesellschaft und kürzten noch weiter. Dadurch ist es zu einer besseren Balance zwischen bezahlter Arbeit und Freizeit bzw. Betreuungsarbeit gekommen. Da Überstunden einem doppelt so hohen Steuersatz bzw. Dienstgeberbeitrag unterliegen, haben weder ArbeitgeberInnen noch ArbeitnehmerInnen Anreize, ihr Leben im Job aufgehen zu lassen. Insbesondere Männer haben dadurch die Möglichkeit, mehr Zeit mit ihren Kindern zu verbringen. Die Lebensqualität und das Wohlergehen der Menschen in Europa sind dadurch entscheidend verbessert worden. Wirtschaftlich gab es nicht die zum Teil erwarteten negativen Effekte, da die Produktivität aufgrund der höheren Motivation deutlich anstieg. So wenig, wie die Reduktion der

Wochenstundenzahl von 80 auf 40 einen ökonomischen Verlust bedeutet hatte, so wenig wirkte sich die weitere Reduktion auf 30 Stunden volkswirtschaftlich negativ aus – im Gegenteil.

Ein Europa, in dem Menschen- und Frauenrechte rechtlich einklagbar sind.

Die Grundrechte in Europa umfassen unter anderem das Recht auf Freiheit von sexueller Gewalt und das Recht auf staatlichen Schutz vor sexueller Gewalt, das Recht auf staatlichen Schutz vor Diskriminierung basierend auf dem Geschlecht sowie das Grundrecht für Frauen, gleichberechtigt am politischen, sozialen, kulturellen und gesellschaftlichen Leben teilzunehmen. Damit wurde ein entscheidender Fortschritt erreicht. Denn anstelle von abstrakten Grundrechtsdeklarationen wurde damit ausdrücklich festgelegt, dass die Betroffenen eine Grundrechtsverletzung direkt bei einem Gericht im eigenen Land einklagen können und zudem eine kostenlose Rechtsvertretung zur Seite gestellt bekommen, wenn sie dies wünschen.

Europa hat mit der Erweiterung der Grundrechte-Charta um einen umfassenden Katalog der einklagbaren Frauen- und Sozialrechte international neue Standards gesetzt.

Ein Europa, das entschieden gegen Frauenhandel und jede Form der Ausbeutung von Frauen vorgeht.

Frauen, die nach Europa verschleppt oder gelockt wurden, erhalten hier Schutz und, wenn sie es wünschen, das Bleiberecht.

Ein Europa, das Reichtum und Vermögen verteilt und Armut vermeidet.

Durch eine europaweit einheitliche Mindestbesteuerung von Vermögen, Finanztransaktionen und Unternehmensgewinnen wird eine ausreichende Basis für die Finanzierung von öffentlichen Leistungen und Sozialversicherungssystemen wie Pensionen, Gesundheitsleistungen und Arbeitslosenleistungen geschaffen. Die Versicherungsleistungen werden so gestaltet, dass sie auf die – nunmehr der Vergangenheit angehörende – Diskriminierung von Frauen im Arbeitsleben und deren Belastung durch unbezahlte Arbeit besonders Rücksicht nehmen. Das bedeutet insbesondere, dass Zeiten unbezahlter gesellschaftlicher und familiärer Arbeit für die Leistungsberechnung voll berücksichtigt werden.

Trotz reduzierter Erwerbsarbeitszeiten wird die Existenzsicherung und Versorgung im Alter auf einem Niveau geleistet, das die volle Teilhabe am gesellschaftlichen Leben weiterhin ermöglicht.

In diesem geschlechterdemokratischen Europa stehen Solidarität, friedlicher Austausch, sozialer Ausgleich sowie solidarische und faire Beziehungen nach innen und außen im Vordergrund. Dies entstand nicht von allein, eine breite emanzipatorische Bewegung, entscheidend mitgetragen von Frauen und Frauenorganisationen in ganz Europa, hat die friedliche »Revolution« der Verhältnisse in Europa herbeigeführt. Wesentliche Instrumente des Wandels waren verpflichtende Regeln, deren Nichteinhaltung geahndet wurde. Ein wesentlicher Faktor war auch der Wandel von Einstellungen und gesellschaftlichen Überzeugungen.

Die Neubestimmung des Geschlechterverhältnisses und die Neuverteilung der Macht auf allen Ebenen basieren allerdings – wie oben geschildert – nicht vorrangig auf Freiwilligkeit.

Die Früchte dieser Revolution in Europa genießen aber nunmehr alle Menschen in Europa.

9 Nachhaltigkeit statt Wettbewerbsfähigkeit
Unser ökologisches Europa

Christian Felber, Wolfgang Pekny

Im Jahr 2030 erreicht die EU aufgrund der Nachhaltigkeitsstrategie ihr Ziel eines nachhaltigen Ressourcenverbrauchs: Ihr ökologischer Fußabdruck beträgt 1,5 globale Hektar pro EU-BürgerIn, was jenes Maß ist, das alle Menschen in Anspruch nehmen können, ohne die Ökosysteme des Planeten Erde zu erschöpfen. Lebenschancen der zukünftigen Generationen bleiben so gewahrt. Im Jahr 2010, als sich die EU dieses Ziel setzte, betrug der ökologische Fußabdruck der EU-BürgerIn noch 4,8 globale Hektar – mehr als das Dreifache des nachhaltigen Maßes von heute. Hätten alle anderen Länder dieses Niveau für sich beansprucht (was die EU bis 2010 diesen noch nahelegte), hätte es dreier Planeten Erde bedurft, um diesen Lebensstil der gesamten Menschheit zu sichern.

Der Zielsetzung waren heiße ideologische Debatten vorangegangen. Noch zum 50. Geburtstag der Römer Verträge hatte die damalige österreichische Außenministerin Ursula Plassnik frohlockt: »Das europäische Lebensmodell mit seiner einzigartigen Kombination aus Wettbewerbsfähigkeit, Solidarität, Nachhaltigkeit, Freiheit hat alle anderen Lebensmodelle an Attraktivität eindeutig abgelöst.« Waren mehr als 200 Prozent Überverbrauch in den Augen der einen also »nachhaltig« und »attraktiver als alle anderen Lebensmodelle«, so definierten immer mehr Menschen diesen enteignenden ökologischen Überkonsum als strukturelle Menschenrechtsverletzung, weil Menschen in anderen Erdteilen und auch zukünftigen Generationen das Recht auf ein würdiges Leben verwehrt wurde.

Der Schwenk in der EU-Politik kam nicht aus heiterem Himmel. Auf dem Höhepunkt der Finanzkrise 2009 gelang es Umwelt- und globalisierungskritischen Organisationen, die Klima- und Finanzkrise in der politischen Debatte zu verbinden, wodurch die strategischen Leitziele der EU ins Zentrum der Kritik rückten. Im Jahr 2000 hatte sich die EU das Ziel gesetzt, zum »wettbewerbsfähigsten Wirtschaftsraum der Welt« zu werden, um schneller wachsen zu können als die USA, mindestens um 3 Prozent pro Jahr. Ein Wirtschaftsraum jedoch, der schon um über 200 Prozent überkonsumiert, wie soll der auf ein global nachhaltiges Ressourcenverbrauchsniveau kommen, wenn er weiterhin um drei Prozent pro Jahr wachsen will?

Der Verfassungskonvent strich Wachstum und Wettbewerbsfähigkeit aus dem Zielkatalog der Europäischen Union, und die erste EU-Regierung auf Basis ihrer ersten Verfassung setzte der EU 2013 ein »neues strategisches Ziel«, nämlich zu einem global nachhaltigen Wirtschaftsraum zu werden. Oberster Indikator: Senkung des globalen ökologischen Fußabdrucks von 4,9 auf 1,5 globale Hektar bis 2030 – in 20 Jahresschritten von je minus 5 Prozent. Nebenziele: die Unabhängigkeit von Erdöl- und Erdgasimporten sowie der Ausstieg aus der Kernenergie.

Im dritten Anlauf (nach 2001 und 2006) wurde die »Nachhaltigkeitsstrategie« 2010 zur Leitstrategie der EU, die Lissabonstrategie wurde aufgelöst und jene ihrer Ziele, die dem Oberziel der umfassenden Nachhaltigkeit nicht widersprechen, wie Einkommens- und soziale Sicherheit, in die neue Leitstrategie eingearbeitet. Noch 2006 hatte in der damaligen Nachhaltigkeitsstrategie gestanden, dass der Beitrag der Lissabonstrategie zum Ziel der Nachhaltigkeit insbesondere in Maßnahmen bestehe, die die *Wettbewerbsfähigkeit* und das *Wachstum* beförderten. Solche widersprüchlichen Zielsetzungen wurden ausgemerzt.

Sodann wurde der Schnörkelsatz von 2006: »Nachhaltige Entwicklung ist ein im Vertrag festgelegtes übergeordnetes Ziel der Europäischen Union, das für alle Politikbereiche und

Maßnahmen der Union maßgebend ist« für jeden einzelnen Politikbereich operationalisiert, allen voran für die Schlüsselbereiche Verkehr/Mobilität/Raumplanung, Landwirtschaft sowie Energieversorgung.

Eine neue EU-weite Mobilitätsdefinition sorgte für eine radikale Umkehr in der Raumordnungs-, Siedlungs- und Flächenwidmungspolitik. Mit Mobilität wird nicht mehr der motorisierte (Individual-)Verkehr auf Straßen gleichgesetzt, sondern die möglichst unaufwendige Erreichbarkeit aller täglichen Ziele: Arbeit, Einkauf, Freizeit. Interkulturelle Vergleichsstudien hatten ergeben, dass die »Mobilitätsraten«, nämlich Zahl der und Zeitaufwand für die täglichen Wege, historisch weitgehend konstant waren, bloß die Entfernung der Ziele, die Geschwindigkeiten, mit denen diese Wege zurückgelegt wurden, und die dafür aufgewendeten Energien und Materialien waren stark angestiegen. Die Menschen waren 2010 nicht mobiler als früher, aber sie erreichten ihre Ziele so umständlich wie nie zuvor, erregten mehr Verkehr und verbrauchten dabei mehr Ressourcen denn je. Die Neudefinition von Mobilität bewirkte eine kopernikanische Wende in der Raumplanung: Unter dem Titel »Nutzungsmischung« werden seither Wohnen, Arbeiten, Einkaufen und Freizeit so weit wie möglich und sinnvoll wieder integriert. Einkaufszentren auf grünen Wiesen, Gewerbeparks ohne Mobilitätskonzept, Bahnhöfe weitab von Ortskernen und großindustrielle Betriebe ohne Bahnanschluss gehören der Vergangenheit an. Anstelle von Einfamilienhäusern werden nur noch Reihenhäuser oder verdichtete Siedlungskonzepte gefördert; Neuerrichtungen müssen in Fußweite eines öffentlichen Verkehrsanschlusses liegen.

Den Bürgermeistern war angedroht worden, ihnen das Instrument der Flächenwidmung aus der Hand zu nehmen, weil sie regelmäßig unökologische Entscheidungen auf Kosten der Gesamtgesellschaft getroffen hatten. Der Kompromiss bestand darin, die Flächenwidmungshoheit weiterhin auf kommunaler Ebene zu belassen – Achtung des Subsidiaritätsprinzips –, jedoch muss diese fortan globalökologischen Kriterien entsprechen.

Europäische Kommunikationsallmende

Nunmehr wird das Bahnnetz generalstabsmäßig ausgebaut. Alle Verkehrssubventionen, die 2004 noch zu zwei Dritteln in den Ausbau hochrangiger Straßen geflossen waren, werden zu 100 Prozent in den öffentlichen Verkehr umgelenkt. Das vierte EU-weite BürgerInnenbegehren verwandelte die nationalen Bahn- und Bus-Unternehmen ebenso wie Post, Internet und Telekom in das erste europäische öffentliche Gut »European Communication Common« (ECC), zu Deutsch »Europäische Kommunikationsallmende«. In EU-weiten Wahlen werden die ManagerInnen, Beschäftigten- und NutzerInnenräte der ECC teils direkt gewählt. Alle Gremiumssitzungen finden öffentlich statt. Die EU-Zeitung *European Democracy* berichtet in eigenen Seiten über diese Allmenden. In der Folge entsteht das bestfunktionierende, topkomfortable und feinstverzweigte Bahn- und Öffinetz der Welt. Im Sinne der Gleichheit werden alle Gemeinden mit mehr als 1000 Einwohnern an das öffentliche (Bahn)netz angeschlossen. Bahnhöfe werden modernisiert und mit Postämtern und Gratis-Internetzugängen kombiniert. Die Bahn-Zweigbetriebe der Mitgliedsstaaten gründen eine gemeinsame Forschungskooperation zur immer komfortableren und ökoeffizienten Weiterentwicklung der Bahnsysteme. Die Autokonzerne waren nach dem Krisenjahr 2010 in nachhaltige Mobilitätsdienstleister konvertiert worden, mit öffentlicher Teilhabe, in denen die besten Transport- und Mobilitätssysteme der Welt entwickelt wurden. 2025 erinnern sich die meisten schmunzelnd an das »Autozeitalter« zurück, das einzelne Menschen in Stahlkistchen steckte, Unmengen von Energie verbrauchte, Staus verursachte und bis zu einem Drittel des Stadtfläche für Verkehrs- und Parkflächen benötigte, während SeniorInnen, Kinder und Hunde um spärliche grüne Quadratmeter konkurrieren mussten. In den Städten gedeihen seit 2015 auf Flächen, wo bisher Autos parkten, Parks, Blumenbeete und Obststräucher, die grauen Wüsten ergrünen. Das Massenfluchtverhalten an den Wochenenden wird gedämpft, weil die Lebensqualität wieder stimmt. Manche EU-Städte erreichen hohe Selbstversorgungsgrade mit Saisongemüse, Frischkräutern und Obst.

Privatautos wurden systematisch aus den Stadträumen gedrängt und nur noch für Gebiete, wo kein öffentlicher Verkehr hinreicht, frei zugelassen. Und auch dort dürfen nur noch Elektroautos fahren. Parallel zum Ausbau des öffentlichen Verkehrs und zum Zurückdrängen des Individualverkehrs entstanden neue Logistik-Dienstleister, die kleinere Transporte zu günstigen Preisen erledigen. Taxis wurden ebenfalls auf elektrischen Antrieb umgestellt.

Die Wegekostenrichtlinie der EU wurde 2014 generalsaniert: Alle ökologischen, Klima-, Gesundheits- und sozialen Folgeschäden des Transports *durften* nicht nur endlich, sondern *mussten* fortan in die Straßenbenützungsentgelte eingepreist werden, wodurch ein 40-Tonnen-Lkw seit 2020 eine Straßenmaut von über fünf Euro pro Kilometer bezahlen muss. Das war das rasche Aus für »Leertransporte« oder Spazierreisen deutscher Kartoffeln, die jahrzehntelang zum Schälen und Waschen nach Italien gekarrt worden waren.

Auch der Flugverkehr wurde radikal verteuert, indem Umwelt- und Klimakosten vollständig in die Tickets eingepreist wurden. Dadurch nahm das Flugaufkommen schlagartig ab. Das Prinzip der ökologischen Kostenwahrheit hat nun Vorrang vor dem freien Warenverkehr. Dadurch regionalisiert sich die Wirtschaft in den lebensnahen und materialintensiven Bereichen Lebensmittel, Energie, Rohstoffe und Abfallentsorgung. Das Gewicht des Weltmarktes und der Anteil der Langstreckentransporte gehen spürbar zurück, das gesamte Straßennetz wurde massiv von Lkws entlastet. 2025 rollt im

Vergleich zu 2010 nur noch ein Achtel der Lkw über EU-weite Straßen. Seit 2015 werden hochrangige Straßen rückgebaut und renaturiert.

In der Landwirtschaft sah eine ökologische Agrarreform bis 2015 das Auslaufen aller Subventionen für Betriebe vor, welche die modernsten Kriterien für biologischen Landbau nicht erfüllen. Agrarfabriken mit mehr als 30 Stück Rindern oder Schweinen erhielten keine Förderungen mehr, Bestandsobergrenzen wurden mit 60 Stück Vieh festgelegt. Die menschliche Arbeitskraft und ökologische Effizienzkriterien wurden Gegenstand der Agrarförderungen, sodass bis 2030 wieder 10 Prozent der Erwerbsbevölkerung im Anbau und der direkten Veredelung von Nahrungsmitteln tätig sind.

Direktvermarktung und Nahversorgung wurden EU-weit gefördert, ein Plan zur Rückkehr von »Regionalläden« in alle Gemeinden wird seit 2015 erfolgreich umgesetzt: In 150 Gemeinden Österreichs, die bereits ohne Greißler waren, gibt es wieder biologische Nahversorgung mit höchster Qualität. Gleichzeitig bieten diese Regionalläden globale Produkte aus fairem Handel an, vor allem das, was in der EU nicht wächst, wie Kaffee, Tee, Kakao und bestimmte Früchte.

Ein Plan der »fortschreitenden Ökologisierung« entwickelt weitere ökologische Verfeinerungen und hilft den Bauern und Bäuerinnen bei der Umsetzung dieser Erkenntnisse, zum Beispiel Ertragssteigerungen durch Mischkulturen, pflugfreier Ackerbau, Heckenpflicht, Gewichtgrenzen für Maschinen oder den tierfreundlichen Stallumbau, dessen Kosten von der Gesellschaft mitgetragen werden, damit sich die Bauern nicht übernehmen müssen.

Die Fleischproduktion wurde kontingentiert, weil sie weltweit extrem viel Fläche in Anspruch nimmt und eine enorme Menge Treibhausgase freisetzt. Eine nachhaltige Ernährungsweise mit weniger tierischen Produkten wurde auch als deutlich gesünder erkannt und Teil eines zukunftssichernden Lebensstils.

Nach dem WTO-Austritt verhängte die EU Importzölle gegen Futter- und Grundnahrungsmittel und setzte sich das Ziel der Selbstversorgung. Zollfreie Einfuhr wird nur Agrarprodukten gewährt, die nicht in der EU gedeihen (siehe oben) oder nicht in ausreichender Menge und Qualität angebaut werden können.

Grüne Energie: Viel Kleinvieh macht auch Mist

Mit der Summe dieser Maßnahmen gelang es, den Energieverbrauch auf ein Drittel des Niveaus von 2010 abzusenken. Das war das – menschenrechtlich begründete – Verfassungsziel der EU-Energiepolitik. Der demokratische Konvent hatte die Prioritäten des Lissabonvertrages auf den Kopf gestellt: Nicht »Versorgungssicherheit« galt als höchstes Ziel, sondern »absolute Verbrauchsreduktion um zwei Drittel bis 2030«.

Der aktuelle Bedarf wird durch einen vielfältigen Mix aus erneuerbaren Quellen gedeckt. 2030 gibt es in der EU 150 000 genossenschaftliche Energieerzeuger: Wind, Kleinwasserkraft, Solarenergie, Biomasse, Biogasanlagen, Nahwärmenetze. Sie speisen in das öffentliche Netz ein und erhalten kostendeckende Tarife vergütet. Drei Millionen Bauernkooperativen unterhalten gemeinsam Biogasanlagen, mit denen aus Stallmist, Gartenabfällen, Speiseresten und Altöl umweltfreundliches Biogas und hochwertiger Dünger gewonnen werden. Windräder finden sich allerorts, kaum ein Dach ist ohne PV-Panel oder Solarheizanlage zu sehen. »Viel Kleinvieh macht auch Mist«, lautet das Motto des dezentralen Energieversorgungskonzeptes. Dieses kam nicht aus purer ökologischer Erkenntnis zustande.

Während der Verfassungskonvent tagte, besetzten Attac- und Umwelt-AktivistInnen in spektakulären Aktionen die größten privatisierten Energieversorger und verlangten ihre Demokratisierung und einen grünen Kurswechsel im Sinne der Dezentralisierung. Die großen Versorger beschränkten sich daraufhin auf die Anpassung des Netzes an die unzähligen regionalen EinspeiserInnen und auf die Energiesparberatung der EndkundInnen.

Nach dem Vorbild des kalifornischen Sacramento werden die Leitungsgremien der Energieversorgungsunternehmen direktdemokratisch gewählt und die Sitzungen öffentlich abgehalten. Diese Ausweitung der Demokratie auf den Grundversorgungsbereich wird durch das EU-Verfassungsprinzip der Wirtschaftsdemokratie gedeckt. Demokratie ist kein rein institutionell-politisches Prinzip, das in der Wirtschaft nichts verloren hat. Die Wirtschaft ist umgekehrt ein Teilbereich eines demokratischen Gemeinwesens, der sich dessen Grundprinzipien nicht entziehen darf. Das wird 2030 den SchülerInnen schon im Grundgegenstand »Demokratie« nahegebracht. Die Mitbestimmung-EVUs reihen sich in eine lange Liste demokratischer Allmenden ein.

Gleichzeitig führte die erste europäische BürgerInneninitiative nach der Annahme der EU-Verfassung zum Ausstieg der EU aus der Kernenergie. Die Kraftwerke mussten auslaufen, Forschungsgelder wurden gestrichen. Allein dadurch wurden 2013, nach dem Auslaufen des 7. Forschungsrahmenprogramms, 4,1 Milliarden Euro frei, die zu 100 Prozent in die Entwicklung erneuerbarer Energiequellen und in die strukturelle Vermeidung von Energieverbrauch investiert wurden.

Europäische Bioregionen

Aus dem Netzwerk gentechnikfreier Euro-Regionen, das sich 2010 im Widerstand gegen die EU-Kommission und das Lobbying etwa des Monsanto-Konzerns gebildet hatte, erwuchs ein neuer politischer Schlüsselakteur. Diese Initiative war der entscheidende Faktor dafür, dass in der 2. Kammer des Europaparlaments Delegierte der Regionen sitzen. Das Netzwerk trat jedoch nicht nur für die fortschreitende Ökologisierung der Landwirtschaft ein – Percy Schmeiser wurde zum Ehrenpräsidenten gewählt –, sondern verschmolz mit mehr als 1000 Lokale-Agenda-21-Initiativen zu einem Eurobioregio-Bündnis für lokal nachhaltige Entwicklung. Das »Europa der Bioregionen« wurde zu einem strategischen Modul der 3. Nachhaltigkeitsstrategie. Die Eurobioregionen wollen ihren ökologischen Fußabdruck minimieren und Stoffkreisläufe in der Region schließen. Das gilt insbesondere für die Versorgung mit Nahrungsmitteln, Energie, Rohstoffen und die Entsorgung von Abfallstoffen. In vielen Gemeinden werden »Stoffzentren« errichtet, die nicht nur schadhafte Geräte und Gegenstände aller Art reparieren oder rezyklieren, sondern auch umweltpädagogische Dienste leisten und die Bevölkerung aufklären, woher die Rohstoffe der Waren, die wir täglich konsumieren, stammen und welche Umweltveränderungen ihre Gewinnung und Entsorgung verursacht und womit die Regionalisierung der Stoffflüsse vermieden werden können. Mit dieser Bewusstseinsbildung gelingen Kampagnen zu regionalem Einkaufen, Produzieren und Entsorgen. »Dorfwerkstätten« beleben alte Handwerkskünste und lenken die Aufmerksamkeit vom billigsten Schnäppchenpreis zu Langlebigkeit, Qualität und sinnstiftender Herstellung.

Zahlreiche Euro-Bioregionen richteten Regionalakademien ein, etwa die Salzkammergut-Akademie, Vulkanland-Akademie, Lungau-Akademie, Cornwall-Akademie, Extremadura-Akademie, Toskana-Akademie, auf denen die natürlichen und kulturellen Schätze der jeweiligen Region gehoben und in zeitgemäßer Modernisierung weiterentwickelt werden: botanisches, geologisches, pflanzenmedizinisches, obstbauliches, tierzüchterisches, handwerkliches und kunstgewerbliches Wissen.

Diese lokalen Schätze bilden eine Alternative zum auslaufenden fossil-industriellen Massenfertigungsmodell, das auf zentraler Produktion, Langstreckentransport und Just-in-time-Lieferung beruht. Regionalakademien stärken das Selbst-Vertrauen von Regionen, der aktuellen Außenorientierung wird ein Fokus der Innenorientierung entgegengesetzt, um einen Beitrag zu einer global nachhaltigen Entwicklung zu leisten, die allen Menschen und Lebewesen eine Existenz in Würde ermöglichen soll. Um dieses globale Bewusstsein zu schulen, werden dezentrale »Uni-Versen« eingerichtet, das sind lokale Zentren für Globales Lernen, in denen man das Bewusstsein um das verletzliche Ökosystem der Erde, den einen Standort Erde für alle Menschen und die Verbundenheit und Abhängigkeit aller Menschen, Generationen und Lebewesen, systematisch weckt und schult.

Vorrang für Umweltrecht und globale ökologische Rechte

Gerade in diesem »universalen« Geist verstehen sich Bioregionen nicht nur als regionalwirtschaftliche und lokalkulturelle Initiativen, sondern auch als globale politische Akteure, welche die Auflösung der Welthandelsorganisation WTO aktiv mitbetrieben und 2017 auch erreichten. Seither werden faire Handelsregeln in der UNO gemacht, lokale Wirtschaftskreisläufe erhalten Vorrang, wie es die Konvention der UNESCO für kulturelle Vielfalt schon 2006 vorsah, was jedoch noch ein Jahrzehnt im Widerspruch zum Freihandelsrecht der WTO gestanden hatte. Entsprechend ihrem neuen verfassungsmäßigen Auftrag – Menschenrechte, Solidarität und Nachhaltigkeit statt Wettbewerbsfähigkeit und Wachstum – setzt sich die EU in der UNO für fairen Handel unter dem Primat der umfassenden Menschenrechte sowie ökologisch nachhaltiger Entwicklung ein; dazu gehört auch die Verordnung des Verursacher- und des Vorsorgeprinzips in allen Wirtschaftsabkommen. Mit der Maßnahme, dass Länder, die sich in der Kyoto-Ausbau-Stufe II nicht dazu verpflichten, ihren ökologischen Fußabdruck auf ein global nachhaltiges Maß abzusenken, verlagert die EU ihre Handelspräferenzen auf Standorte, an denen entwicklungsverträglicher Handel gepflogen wird. Betroffen davon sind vor allem die EU-eigenen und US-Konzerne, die nicht länger von Standorten mit geringen ökologischen, sozialen und arbeitsrechtlichen Anforderungen profitieren können.

In dieser heiklen Frage war es einer breiten Allianz von Umwelt-, globalisierungskritischen und Menschenrechtsorganisationen gelungen, die bis dahin noch relativ freihandelsfreundlichen Gewerkschaften ins Boot zu holen, was zusammen mit dem Verfassungsfundament den politischen Boden für die Änderung fruchtbar machte.

Aus der globalen Kommunikation von Bioregionen entsteht nun ein wahrhaft globales Projekt: die gleiche Zuteilung individueller und handelbarer Ressourcenverbrauchsrechte an alle Menschen. Die Idee dahinter: Alle erhalten die gleichen Nutzungsrechte »am Planeten«, dürfen damit aber machen, was sie wollen; in Summe entsprechen die Rechte aller Menschen der ökologischen Trag- und Erneuerungsfähigkeit der Erde, unserer »Wirtin«.

Die ökologischen Rechte werden auf individuelle »Fußabdruck-Konten« gebucht und allen Produkten als zweiter Preis eingeschrieben (neben dem Geldpreis). Wer weniger als das ihr oder ihm zustehende Recht in Anspruch nimmt, kann den ungenutzten Fußabdruck an andere Menschen, die mehr verbrauchen wollen, verkaufen. So erhalten die Menschen in den armen Ländern, die derzeit deutlich weniger Ressourcen verbrauchen, als ihnen bei einer global gerechten Verteilung zustehen würden, vom ersten Jahr an ein »ökologisches Einkommen«. Je größer ihr ökologischer Fußabdruck wird, desto geringer wird ihr »ökologisches Einkommen«, bis sie einen global nachhaltigen Fußabdruck erreichen. Die Bioregionen brachten die EU dazu, dieses globale »Rechte-System« in der UNO einzurichten – wo es 2022 anlässlich des dreißigjährigen Jubiläums des UN-Erdgipfels in Rio de Janeiro zu bindendem Völkerrecht wurde.

10 Den Boden für eine andere Agrarpolitik bereiten

Unser ernährungssouveränes Europa

Franziskus Forster, Josef Ortner

Die vorliegende Vision setzt beim Boden an. Auf diesem stehen wir, den wollen wir bereiten. Im Zentrum stehen dabei die Kritik der Herrschaftsverhältnisse und das Zurückdrängen von deren Zugriff auf Natur und Arbeit weltweit. Die Vision zielt auf die Produktion und Konsumption von gesunden, leistbaren, sozial und ökologisch nachhaltig produzierten (Über)Lebensmitteln. Angestrebt wird eine Gesellschaft, in der Menschen Bedürfnisse nicht auf Kosten anderer und zukünftiger Generationen befriedigen. Die Vision zielt auch darauf hin, dass Menschen ein Politikbewusstsein in diesem Sinne für die eigenen Alltags- und Lebensverhältnisse entwickeln und dieses sukzessive solidarisch und demokratisch ausweiten. Wir müssen in unserem Bemühen um die Verwirklichung dieser anderen Vision zuerst versuchen, »neuen Boden unter den Füßen« zu gewinnen. Alternativen und neue Perspektiven kommen meist dann zum Vorschein, wenn Ausgeschlossene(s), Unsichtbare(s) und unterschlagene Wirklichkeiten in den Blick genommen werden und betroffene Menschen diese Alternativen und Perspektiven einfordern. Hier wollen wir im Folgenden ansetzen.

Segen von oben?

»Aus ›Bauern‹ sind in den letzten Jahrzehnten ›Produzenten‹ geworden, und davon gibt es zwei Arten: Für die einen ist Landwirtschaft Hobby. Durchaus profitabel soll das sein, aber das Geld steht nicht im Vordergrund. Denn diese Bauern sind keine Profis. Es sind Ärzte oder Anwälte, deren Alltag vom Bildschirm oder der Fernarbeit geprägt ist. Nach fünf Stunden am Computer ist ihre Lust groß, sich in der Natur zu beschäftigen. (…) Gezüchtet werden (…) Sorten mit Gentechnik. Überhaupt entstehen neue Pflanzen jetzt ausschließlich biotechnisch. (…) Den Hobbybauern gehört ein Drittel der Äcker. Die übrigen zwei Drittel, alles große Anbauflächen, werden von Spezialisten bewirtschaftet, von hoch professionellen Produzenten. Anders als heute haben sie alle feste Verträge mit Abnehmerfirmen, auch mit Logistikunternehmen. Sie bauen meist keine landwirtschaftlichen Produkte mehr an, sondern Rohstoffe für die Industrie. (…) Wenn aber einer der vielen Hurrikane tobt, ist man als Rohstoffproduzent pleite fürs Leben. Die Versicherung bereitet den Bauern daher größtes Kopfzerbrechen: Kann ich mir überhaupt eine leisten, bei den Konditionen?«[1]

Diese Vision zeichnete Franz Fischler, ehemaliger Agrarkommissar der EU, für die Landwirtschaft um 2054. Gentechnik und Biotechnologie haben in dieser eine Schlüsselfunktion: »Pflanzen wurde beigebracht«, wie sie funktionieren sollen. Es ist ziemlich klar, wer Profi ist, wer Bescheid weiß und wer nicht. Enteignungsprozesse, resultierend aus vorgeblichen Sachzwängen in Form von Marktzwängen und »naturgegebenem« Strukturwandel im Sinne des »Wachse oder weiche!« sind sehr weit fortgeschritten. Für die große Mehrheit der heute tätigen BäuerInnen ist keine Zukunft vorgesehen, sie sind überflüssig. Was aus ihnen wird, bleibt ihnen überlassen. Die Ressourcen für die Produktion von *Lebens*mitteln liegen in den Händen von wenigen »Spezialisten«. Das Recht, sich selbst zu ernähren, ist eine Frage der Leistbarkeit geworden. Die Versprechen des »Segens von oben« sind in ihrem Blick auf die Welt technologisch-technokratisch und marktkonform-hierarchisch geprägt. In dieser Vision sind grundlegende Entwicklungstendenzen der gegenwärtigen globalen Landwirtschaft an einem vorläufigen Endpunkt angelangt.

Zwei sind dabei näher zu benennen: Erstens der Drang, die Bedingungen landwirtschaftlicher Produktion zu simplifizieren und zu standardisieren, die Vielfalt, die »Hindernisse« und Unsicherheiten der Natur zu reduzieren, um sich an das Ideal von Naturbeherrschung und Kontrolle in der industriellen Produktion anzunähern. Zweitens – und damit verbunden – ist die wachsende Markt- und Machtkonzentration entlang der Wertschöpfungskette, beginnend bei den agrochemischen und agroindustriellen Konzernen bis zu den Supermärkten. BäuerInnen und KonsumentInnen geraten in völlige Abhängigkeit industrieller Massenproduktion und kapitalistischer Verwertung auf dem Markt. Soziale und ökologische Kosten werden auf Gesellschaft und Natur abgewälzt, Profite gehen an die wenigen privaten Gewinner (ähnlich wie bei der Finanzkrise). Die Forschung wird vorwiegend in jenen Bereichen vorangetrieben, in denen kaufkräftige Nachfrage existiert. Über »Sachzwänge« wird eine Politik der Stärkung der Starken im Dienste der Wettbewerbsfähigkeit auf dem Weltmarkt betrieben und eine imperiale Lebensweise auf dem Rücken der Schwächeren und Benachteiligten dieser Welt festgeschrieben. »Hunger ist keine Folge des Mangels, sondern der Verteilung. Hunger entsteht dort, wo Lebensmittel das Land in Richtung ›kaufkräftiger Nachfrage‹ verlassen. Die Geographie des Hungers ist der Fußabdruck der kapitalistischen Landwirtschaft, deren energetische, ökologische und soziale Bilanzen negativ sind«, schreibt Hanns Wienold.[2]

Noch nie hungerten mehr Menschen als heute, gleichzeitig gab es noch nie so viele Übergewichtige. Massen von Hungernden versuchen, sich aus Müllbergen zu ernähren. Gleichzeitig werden in und für den reichen Teil der Welt geschmacklose, ungesunde, naturzerstörende und aus Ausbeutungsverhältnissen stammende Nahrungsmittel (»Müll«) im Überfluss produziert und konsumiert. Auf dem Rücken der Hungernden. Demokratisch, sozial und ökologisch nachhaltige Produktionsverhältnisse werden von diesen Prozessen tief greifend untergraben, immer mehr Menschen heute und zukünftige Generationen sind ausgeschlossen.

Es gibt gute Gründe, diese Verhältnisse zu verändern. Um den *Boden* für ein anderes Europa zu bereiten, brauchen wir einen Wandel von *Grund* auf. Das erfordert mitunter, bis an die *Wurzeln* zu gehen und von hier aus neu zu denken. Im Folgenden sollen einige Ansätze für einen Paradigmenwechsel in der Landwirtschaft dargestellt werden.

Für ein anderes Europa den Boden bereiten!

Es gibt Konzepte und Ansätze in der Agrarpolitik, die neue (Aus)Wege und Möglichkeiten eröffnen. Es kann dabei nicht darum gehen, das »bessere« (Politik)Programm inklusive fertiger Patentrezepte anzubieten, denn das wäre selbst undemokratisch. Die entscheidende Frage ist vielmehr, *welche* Ziele verfolgt werden und unter welchen Rahmenbedingungen das erfolgen soll. Die Veränderung der bestehenden Machtverhältnisse ist dabei eine Kernfrage. Nachhaltigkeit und biologische Landwirtschaft sind ganzheitliche Konzepte, die eine andere Gesellschaft und ein anderes Verhältnis dieser Gesellschaft zur Natur verlangen. Insofern stellen sie wesentliche Anknüpfungspunkte dar. In einer Gesellschaft, in der die Priorität der maximalen Verwertung eingeräumt wird, werden diese Konzepte jedoch nur für »Imageverbesserung« instrumentalisiert, in bestehende Entwicklungen integriert und ihres Anspruchs auf grundlegenden Wandel beraubt. Die Voraussetzung für diesen Wandel ist eine umfassende Demokratisierung, es geht um Fragen, die die ganze Gesellschaft und ihre Nachkommen zutiefst betreffen. Es geht darum, diese grundlegende demokratische Debatte heute zu beginnen.

Nachhaltige Produktivität und Ganzheitlichkeit

»Die Steigerung der Produktivität durch technischen Fortschritt« ist eines der zentralen Ziele der Gemeinsamen Agrarpolitik der EU (GAP), so steht es wörtlich im Lissabon-Vertrag. Mit dem Begriff der Produktivität ist eine hierarchische Trennung in »produktiv« (in Geld bewertet, »wertvoll«) und »reproduktiv« (»wertlos«, unsichtbar, vorausgesetzt) verbunden. Dies zeigt sich in der dominanten landwirtschaftlichen (industrialisierten, exportorientierten) Produktionsweise, in der kurzfristige Produktivitätssteigerung auf Kosten der regenerativen, »kostenlosen«, vorausgesetzten Naturproduktivität geht und diese letztlich untergraben wird. (Ebenso zeigt sich dies in den Arbeitsverhältnissen, in denen »produktive Arbeit« z.B. auf »unsichtbarer«, als selbstverständlich vorausgesetzter Haus-, Pflege- und Versorgungsarbeit v.a. von Frauen beruht.) Nachhaltigkeit fordert hier das dominante ökonomische Denken heraus, es geht um die Aufhebung dieser Trennung. Ganzheitliches Denken fordert ein, dieses Ausgeschlossene und vermeintlich »Wertlose« einzubeziehen, es zu stärken, es neu zusammenzudenken. Nachhaltigkeit stellt damit selbstverständliche Grundannahmen unserer Gesellschaft infrage: Die Frage, was »Arbeit« und »produktiv« (über Erwerbsarbeit hinaus) bedeutet und bedeuten kann, erscheint in einem anderen Licht. Deutlich wird der enge Zusammenhang der Fragen nach der »Zukunft der Arbeit« und der »Zukunft der Natur«. Damit das Ganze funktionieren kann, sind »unsichtbare Geister« vorausgesetzt, von ihnen wird die Arbeit erledigt, die nicht wirtschaftlichen Parametern entspricht. Nachhaltige Produktivität in diesem Sinne wäre ein wichtiger Schlüssel für eine sozial und ökologisch nachhaltige Bewältigung der aktuellen Krisen.

Entschleunigung ist dabei eine wichtige Voraussetzung und Vision zugleich. Die soziale und ökologische Krise ist eine Beschleunigungskrise. Der Verbrauch der Ressourcen hat einen Umfang und eine Geschwindigkeit erreicht, die Regeneration praktisch unmöglich machen. Und auch die Gesundheit des Menschen leidet unter der Beschleunigung. Lebensqualität steht infrage, trotz aller »Fortschritte« ist Zeitnot eine grundlegende gegenwärtige Erfahrung. Soziale Anforderungen wie

Pflege, Erziehung und Versorgung geraten im Zuge ihrer Ökonomisierung in Konflikt mit dem allgegenwärtigen Diktat der Beschleunigung. Ähnlich verhält es sich mit ökologischen Anforderungen: Kurzfristige Produktivitätssteigerung und Wachstum geraten in Konflikt mit ökologischen Grundsätzen. Ein Beispiel hierfür sind die Monokulturen, die kurzfristige Ertragssteigerungen möglich machen, aber Böden auslaugen und eine Bodenbewirtschaftung in ausgeglichener Fruchtfolge sowie eine mittel- und langfristige Steigerung der Bodenfruchtbarkeit verhindern. Das Eingehen auf Zeitbedürfnisse sowohl der Menschen als auch der Natur wäre hier ein erster Ansatzpunkt.

Es gilt, im Bestehenden anzusetzen, ohne das Ganze aus den Augen zu verlieren. »Ganzheitlichkeit« gewinnt so an Bedeutung, wir müssen Wege dahin beschreiten. Auch Ökonomie selbst gewinnt dann eine andere Qualität. Ökonomie ist nicht abgetrennt vom konkreten Lebenszusammenhang zu denken, es geht ja um die Produktion von Gebrauchswerten. Nachhaltigkeit kann man nicht von oben verordnen, sie muss von unten ausgehandelt und gestaltet werden. Es geht um sichere Lebensgrundlagen für alle, und diese werden nur durch die Zurückdrängung von sozialer und ökologischer Herrschaft erreicht. Nachhaltige Agrarpolitik ist Politik, die den Boden sorgsam immer wieder neu bereitet. Der Umgang mit dem »gesellschaftlichen und natürlichen Boden« ist heute in der Krise. Neue Perspektiven sind gefragt: Ein »Europa von unten«, in dem nicht mehr ausschließlich Wettbewerb und Verwertung Leitlinien sind, sondern in dem es unter globalen, ökologisch, sozial und demokratisch nachhaltigen Gesichtspunkten um breite gesellschaftliche Fragen geht wie: Welche Landwirtschaft wollen wir? Wie wollen wir in Zukunft produzieren und konsumieren? Was wollen wir produzieren? Wie wollen wir leben? Wie können wir das für alle gewährleisten?

Bodenfruchtbarkeit, Regionalisierung und Biolandwirtschaft

Die Klimakrise und die Erosion der Biodiversität sind eng verbunden mit der vorherrschenden gesellschaftlichen Lebens- und Produktionsweise in Europa. In der Landwirtschaft ist der Umgang mit dem Boden in diesem Zusammenhang eine Schlüsselfrage. Die Zerstörung der Böden ist weit fortgeschritten. In den letzten 50 Jahren ging weltweit nahezu ein Drittel der landwirtschaftlichen Nutzfläche verloren. Ein Paradigmenwechsel ist an der Zeit. Wir laufen Gefahr, den fruchtbaren »Boden unter den Füßen« zu verlieren und gleichzeitig wird weltweit – z.B. durch den »ökologischen Fußabdruck« oder durch die Produktion von Agrartreibstoffen – ein Vielfaches der »Bodenfläche« Europas kolonisiert. Gefordert ist eine Landwirtschaft, die auf nachhaltiger Bodenfruchtbarkeit, ja deren Steigerung beruht. Ein ganzheitlicher Ansatz, der auf organischen Kreisläufen beruht, ist die Vision und entscheidend für die Weiterentwicklung der Landwirtschaft.

Landwirtschaft ist nicht nur in Bezug auf die Produktion von gesunden, qualitativ hochwertigen Nahrungsmitteln zu bewerten, sondern insbesondere auch in Bezug auf die Produktionsweise: Energieinput, Wasserbelastung und -verbrauch, Auswirkungen auf Klima, Biodiversität, Landschaftsbild und soziale Verhältnisse weltweit. Landwirtschaftliche Produktion bedeutet deshalb immer auch gesellschaftliche Verantwortung.

Eine nachhaltige biologische Landwirtschaft ist also ein zentraler Ansatzpunkt für die Zukunft. Eine Landwirtschaft, die mit organischen Kreisläufen arbeitet, ist die Herausforderung unserer Zeit. Kurzfristige Ertragsteigerung zur Profitmaximierung steht dieser Vision diametral entgegen und untergräbt die Prozesse, die Nachhaltigkeit erst ermöglichen. Es ist eine gesellschaftspolitische Frage, ob wir diese Prozesse fördern oder zerstören wollen. Subventionen sollen demnach auf einen Umstieg und den Ausbau einer sozial und ökologisch nachhaltigen Landwirtschaft zielen, ohne anderen zu schaden. Das wäre die Grundlage für vertretbare Subventionen.

Aus den Ansätzen von partizipativen Budgets könnte auch eine andere Agrar- und Subventionspolitik weiterentwickelt werden. Nicht mehr das Dogma der Wettbewerbsfähigkeit von BäuerInnen sowie Regionen und Agroindustrien stünde dann im Vordergrund, nicht mehr eine exportorientierte, industrialisierte Landwirtschaft wäre dann Leitbild. Bäuerliche Biolandwirtschaft wäre dann nicht mehr ein Nischenkonzept zur Imageverbesserung, sondern gesellschaftliche und ökologische Alternative. Die Kombination von regionalem bäuerlichem Wissen und Methoden ganzheitlicher, demokratischer Bildung sowie Forschung und Technologieentwicklung birgt enormes Potenzial.

Paradigmenwechsel in der Landwirtschaft: Ernährungssouveränität

»Ernährungssouveränität ist das Recht von Menschen auf gesunde und kulturell angepasste Nahrung, die nachhaltig und unter Achtung der Umwelt hergestellt ist. Sie ist das Recht auf Schutz vor schädlicher Ernährung. Sie ist das Recht der Bevölkerung, ihre Ernährung und Landwirtschaft selbst zu bestimmen. Ernährungssouveränität stellt die Menschen, die Lebensmittel erzeugen, verteilen und konsumieren, ins Zentrum der Nahrungsmittelsysteme, nicht die Interessen der Märkte und der transnationalen Konzerne. Sie verteidigt das Wohlergehen kommender Generationen und bezieht sie ein in unser vorsorgendes Denken. (…) Die Produzierenden sollen in ihren Dörfern und Ländern ihre Formen der Ernährung, Landwirtschaft, Vieh- und Fischzucht selbst bestimmen können. Ernährungssouveränität (…) fördert bäuerliche Landwirtschaft, Familienbetriebe sowie den traditionellen Fischfang und die Weidewirtschaft. Erzeugung, Verteilung und Verbrauch der Lebensmittel müssen auf sozialer, wirtschaftlicher und umweltbezogener Nachhaltigkeit beruhen. Ernährungssouveränität fördert transparenten Handel, der allen Menschen ein gerechtes Einkommen sichert und den KonsumentInnen das Recht verschafft, ihre Nahrungsmittel zu kontrollieren. Sie garantiert, dass die Nutzungsrechte auf Land, auf Wälder, Wasser, Saatgut, Vieh und Biodiversität in den Händen jener liegen, die das Essen erzeugen. Ernährungssouveränität bildet und stützt neue soziale Beziehungen ohne Unterdrückung und Ungleichheit zwischen Männern und Frauen, Völkern, ethnischen Gruppen, sozialen Klassen und Generationen«, heißt es 2007 in der »Erklärung von Nyeleni«.[3]

Das Konzept der Ernährungssouveränität rückt die Frage ins Zentrum, wie Nahrungsmittel produziert werden, unter welchen sozialen und ökologischen Bedingungen und unter wessen Kontrolle dies erfolgt, es setzt demnach an der Politisierung der Produktionsverhältnisse durch soziale Aneignung von unten an: »… die soziale Aneignung von Wasser, von Elektrizität, von Boden, aber auch von Produktionsmitteln und Technologie, im Süden wie im Norden. Soziale Aneignung bedeutet Behauptung und Entwicklung eines sozialen Existenzrechts, bedeutet, die enteigneten, die privatisierten, die kommerzialisierten Güter dieser Erde wieder in öffentliche Güter zu verwandeln. Und sie in einer egalitären, basisdemokratischen Weise zu nutzen und zu verwalten.«[4]

Eine europäische Agrarpolitik muss dafür Rahmenbedingungen schaffen. Im Zentrum stehen dabei die Umsetzung des Rechts auf Nahrung und einer sozial und ökologisch verträglichen Landwirtschaft, ohne die Durchsetzung dieser Agrarpolitik in anderen Ländern zu untergraben. Es geht um einklagbare Rechte der Schwächeren. BäuerInnen und LandarbeiterInnen sollte ein Einkommen ermöglicht werden, das ihre Produktionskosten und ihre Arbeit bezahlt. Dieses soll in erster Linie über den Erlös ihrer Produkte ermöglicht werden. Agrarförderungen sollen ausschließlich für ökologische und soziale Leistungen wie z. B. den Erhalt oder die Verbesserung der Bodenfruchtbarkeit gewährt werden. Das Ende aller Formen von Patentierung von lebenden Organismen ist ein weiterer wesentlicher Bestandteil.

Neben den globalen Strategien zum Abbau der Abhängigkeiten sollten regionalspezifische Wege beschritten werden. Dabei geht es insbesondere um die Wiedererlangung und Verbesserung der Selbstversorgungskräfte der jeweiligen Regionen bei gleichzeitigem solidarischem Ausgleich zwischen den Regionen. Die zunehmende Organisation in solidarökonomischen Netzwerken und Wertschöpfungsketten ist ein Ansatz, der neue Möglichkeiten eröffnet. Lebensmittelkooperativen, Volxküchen, demokratische ProduzentInnen-KonsumentInnen-Initiativen bergen großes Potenzial. Gentechnikfreie Regionen wären in diese Richtung ausbaufähig, alternative Saatgutbanken und freier Saatguttausch und -vermehrung sind heute schon von nicht zu überschätzender Bedeutung. Auch die Slow-Food- und Fair-Trade-Bewegungen können für einen Wandel wertvolle Impulse liefern. Bei der Neugestaltung der Agrarpolitik sind vor allem auch Maßnahmen gefordert, die allen Menschen den Zugang zu den benötigten Ressourcen ermöglichen.

Letztlich kann gesagt werden: Die Vision für eine andere Agrarpolitik in Europa zielt auf eine Welt ohne Hunger. Die historische Möglichkeit ist gegeben. Dafür ist es notwendig, die Rahmenbedingungen von Politik selbst zu verändern und Perspektiven von unten zum Zug kommen zu lassen. Perspektiven müssen gerade angesichts der europäischen Geschichte dabei immer global und lokal zugleich entworfen und Macht- und Herrschaftsverhältnisse analysiert und verändert werden. Nachhaltigkeit verlangt nach einem Wandel dieser Verhältnisse. Die Menschen in Europa müssen neben der Abwehr von Bedrohungen und Zumutungen die je eigenen Spielräume in wachsenden Allianzen kooperativ nutzen, um Alternativen umzusetzen und diese wachsen zu lassen. Auf diesem Boden kann ein anderes Europa wachsen und reifen.

1 Fischler, Franz: Ich habe einen Traum. In: Die Zeit 2001/35, http://www.zeit.de/2001/35/200135_traum_fischler.xml
2 Wienold, Hanns: Leben und Sterben auf dem Lande. Kleinbauern in Indien und Brasilien, Münster 2007
3 Erklärung von Nyeleni: http://www.nyeleni2007.org/spip.php?article331, 4. 1. 2009
4 Roth, Karl Heinz: Eine globale Alternative formulieren, http://www.medico.de/material/rundschreiben/2008/02/karl-heinz-roth/, 4. 1. 2009

11 Gerechter Handel statt Freihandel
Unser global partnerschaftliches Europa

Alexandra Strickner

»(…) a government wedded to the ideology of competitiveness is as unlikely to make good economic policy as a government committed to creationism is to make good science policy, even in areas that have no direct relationship to the theory of evolution.«
Paul Krugman: Competitiveness:
A dangerous obsession (1994)

Ziele und Kernelemente der aktuellen EU-Außenhandelspolitik

Die EU, d.h. die EU-Kommission und die Regierungen der EU-Mitgliedsländer, ist eine der treibenden Kräfte der Globalisierung. Die EU-Außenhandelspolitik ist dabei eines der zentralen Instrumente, um die Utopie eines einheitlichen globalen Marktes voranzutreiben. Handelsabkommen zwischen den EU-Mitgliedsländern und Drittländern werden von der EU-Kommission (Generaldirektion für Außenhandel) verhandelt, auf der Basis eines Mandats des zuständigen EU-Ministerrates. Erst mit der breiten zivilgesellschaftliche Mobilisierung rund um die WTO-Ministerkonferenz in Seattle (USA) 1999, die neben dem Widerstand der Regierungschefs vieler Entwicklungsländer letztlich zum Abbruch der Verhandlungen führte, rückte das Themenfeld Außenhandelspolitik auch innerhalb der EU ein Stück mehr ins Zentrum der Kritik. Seitdem wird dieses Politikfeld in der EU wie kaum ein anderes geprägt von *einerseits* wohlfeilen öffentlichen Bekenntnissen fast aller beteiligten Akteure zum »Schönen und Guten« (Entwicklung, Umwelt, Demokratie, Menschenrechte, globale Regeln für die Wirtschaft), *andererseits* aber vom tatsächlich hinter den Kulissen stattfindenden, mit harten Bandagen geführten Geschacher um die vertragliche Absicherung und Förderung einseitiger ökonomischer Interessen.

Die EU ist heute eine der aggressivsten Verfechterinnen des Freihandelsansatzes, jedoch nicht um die Entwicklung der Länder des Südens voranzutreiben, sondern um die Profitchancen von EU-Unternehmen zu verbessern und rechtlich abzusichern. Die Lissabon-Agenda, in der die EU-Staatschefs das Ziel, die EU bis 2010 zur global wettbewerbsfähigsten Region der Welt zu machen, festlegten, beinhaltet ein klares Bekenntnis zu einer stärkeren Weltmarktintegration der EU-Volkswirtschaften. Im November 2006 segneten die EU-Wirtschaftsminister eine vom damaligen EU-Außenhandelskommissar Peter Mandelson vorgelegte Konkretisierung der EU-Außenhandelsstrategie ab. Diese trägt den Titel »Ein wettbewerbsfähiges Europa in einer globalen Welt. Ein Beitrag zur EU-Strategie für Wachstum und Beschäftigung«. Sie skizziert die Ziele dieser Außenhandelspolitik: den Kampf um den Erhalt und den Ausbau von »Weltmarktanteilen« europäischer Unternehmen durch die Eroberung neuer Absatzmärkte, die Sicherung des Zugangs zu Rohstoffen für die europäischen Industrien (insbesondere Energieressourcen), die Verbesserung des Zugangs zu öffentlichen Aufträgen für europäische Unternehmen sowie die rechtliche Absicherung von europäischen Investitionen – sei es in Form von »geistigem Eigentum« oder in Form von Direktinvestitionen im globalen Süden. Damit – so argumentieren die EU-Kommission und die Staats- und Regierungschefs der EU-Mitgliedsländer – werden Arbeitsplätze in Europa erhalten und geschaffen. Auch das viel beschworene europäische Sozialmodell könne nur mit der Strategie der Eroberung neuer Absatzmärkte für europäische Produkte und Dienstleistungen erhalten werden. Diese Ziele sollen durch die Verhandlung und den Abschluss von multilateralen Freihandelsverträgen im Rahmen der Welthandelsorganisation, aber auch von bilateralen und biregionalen Freihandelsverträgen erreicht werden. Auf der Basis dieses Mandats hat die EU-Kommission 2007 Verhandlungen zum Abschluss von Freihandelsverträgen, welche bevorzugt als »Assoziations-« oder »Partnerschaftsabkommen« bezeichnet werden, u. a. mit den ASEAN-Staaten, Indien, Zentralamerika und den Andenstaaten begonnen. Mit den Mercosur-Ländern gibt es bereits seit einigen Jahren Verhandlungen, welche jedoch mangels eines Abschlusses der WTO-Doha-Runde nicht vorankommen. Ebenso verhandelt die EU seit Anfang 2000 mit den sogenannten AKP-Staaten (den ehemaligen Kolonien von EU-Mitgliedern in Afrika, der Karibik und dem Pazifik) ein Nachfolgeabkommen zum Cotonou-Abkommen, welches die Handelsbeziehungen dieser Länder mit der EU derzeit regelt. Während die sogenannten Schwellenländer (u. a. China, Indien, Brasilien etc.) als potenzielle neue Märkte mit einer zunehmend kaufkräftigen Mittelschicht gesehen werden, kommt dem Großteil der Entwicklungsländer eher die Funktion von Rohstofflieferanten zu.

Erstmalig ist in diesem Strategiedokument auch klar die Verbindung zwischen der EU-Außenhandelsagenda und der EU-internen Reformagenda benannt. Um die globale Wettbewerbsfähigkeit von EU-Unternehmen zu erreichen, braucht es die Flexibilisierung des EU-internen Arbeitsmarktes, die Anpassung von EU-weiten Mindeststandards z. B. im Bereich von Umwelt- oder Sozialstandards und auch die Schaffung eines einheitlichen EU-Dienstleistungsmarktes. Zentrales Ziel ist es, die Kosten für Unternehmen zu senken. Denn hohe Standards für Umwelt und soziale Absicherung in Europa bedeuten im Kontext des globalen Kampfes um Marktanteile höhere Kosten und damit den Verlust von Wettbewerbsfähigkeit gegenüber jenen Unternehmen, die billiger produzieren können. Der EU-Binnenmarkt und dessen Spielregeln müssen daher so ausgestaltet werden, dass sie dem Oberziel der »Stärkung der globalen Wettbewerbsfähigkeit von transnational agierenden europäischen Unternehmen« dienlich sind.

Der seit Jahren von einem Großteil der EU-Bevölkerung erlebte Abbau von Sozialsystemen und sozialen Rechten, die zunehmende Verlagerung von Unternehmen und somit Arbeitsplätzen in Drittländer, in denen europäische Unternehmen niedrigere Sozial- und Umweltstandards ausnutzen und häufig grundlegende Menschen- und Sozialrechte bewusst nicht einhalten, stehen in direktem Zusammenhang mit der Politik der globalen Weltmarktintegration. Unter dem »Wahn der Wettbewerbsfähigkeit« werden mit dem Abschluss von Freihandelsverträgen Rahmenbedingungen geschaffen, die in erster Linie arbeitende Menschen in Europa und im globalen Süden in Konkurrenz zueinander setzen. Dies erlaubt es den transnational agierenden Unternehmen in Europa (aber auch in anderen Regionen), ihre Profitraten zu erhöhen und gleichzeitig Sozial- und Umweltstandards kontinuierlich zu senken. Während die Regierungen der EU-Mitgliedsstaaten vorgeben, dass die Eroberung neuer Märkte bei gleichzeitiger Öffnung der EU-Märkte Wachstum und Arbeitsplätze in Europa und im globalen Süden zum Vorteil aller schafft, wird in der Realität ein globaler Markt – sei es in der Landwirtschaft, in der Industrie oder im Dienstleistungssektor – geschaffen, der in erster Linie von transnational agierenden Unternehmen kontrolliert wird und diesen die maximale Abschöpfung von Profiten entlang der gesamten Produktionskette erlaubt.

Der Kern der EU-Außenhandelspolitik und der Freihandelsagenda besteht letztlich in der Schaffung eines einzigen globalen Marktes für alle Güter und Dienstleistungen, in dem die Rechte der Investoren maximal geschützt werden und zugleich die Handlungsspielräume für politische Maßnahmen zur Umsetzung und Durchsetzung grundlegender Bedürfnisse und Menschenrechte der jeweiligen Staaten massiv eingeschränkt werden. Immer öfter hören Menschen, dass politische Maßnahmen, welche ihre Rechte oder kollektiven Präferenzen schützen würden, letztlich deshalb nicht möglich sind, weil leider, leider! ein Abkommen der Welthandelsorganisation dies nicht mehr erlaubt.

Die aktuelle EU-Außenhandelspolitik bzw. die Handelsabkommen, die in den letzten Jahrzehnten von den EU-Staatschefs bzw. den Regierungschefs und Parlamenten anderer Länder verabschiedet wurden, umfassen also weit mehr als die Spielregeln für den Handel mit Gütern. Sie dienen nicht der »Deregulierung«, sondern sind ein umfassendes Re-Regulierungsprojekt, welches in erster Linie die Interessen von transnational agierenden Unternehmen bedient und das von politischen Eliten, die eng mit den wirtschaftlichen Eliten kooperieren oder massiv von ihnen lobbyiert werden, vorangetrieben wird. Die enge Zusammenarbeit zwischen europäischen Unternehmensverbänden und der EU-Kommission im Bereich der EU-Außenhandelspolitik ist hinlänglich bekannt und auch durch verschiedenste durchgesickerte Dokumente veröffentlicht (siehe u. a. Corporate Europe Observatory). Die aktuelle EU-Außenhandelspolitik und die Verträge, die die EU-Kommission derzeit im Namen der EU-Mitgliedsländer verhandelt, reduzieren letztlich bewusst die politischen und somit auch demokratischen Handlungsspielräume für jene Länder, die diesen Verträgen letztlich zustimmen – also auch der EU-Mitgliedsländer selber.

Ein Großteil der Länder des globalen Südens – vor allem jene, die als am wenigsten entwickelt bezeichnet werden (u. a. Subsahara-Afrika, ein Großteil der Karibik-Länder, viele südasiatische Länder etc.) –, kennt die fatalen Auswirkungen der Freihandelsstrategie auf ihre Menschen und ihre Umwelt. Ihre Fähigkeit, sich im Wesentlichen eigenständig mit Lebensmitteln zu versorgen, ist einer besorgniserregenden Abhängigkeit von Lebensmittelimporten gewichen, die im Zuge explodierender Weltmarktpreise für Lebensmittel und der vielen Hungerrevolten im Jahr 2008 offensichtlich wurde. Auch beim

»Erfolgsmodell« China, welches von Freihandelsfetischisten gerne als Vorzeigemodell für eine erfolgreiche Weltmarktintegration angepriesen wird, werden jetzt die Schattenseiten der enormen Abhängigkeit von Exporten sichtbar. Die Finanzkrise hat zu einem massiven Einbruch der Nachfrage vor allem in den USA, einem der wichtigsten Exportmärkte des Reiches der Mitte, geführt. China ist heute mit Millionen von Arbeitslosen und wachsenden sozialen Protesten in den Exportproduktionszonen konfrontiert. Zahlreiche Unternehmen haben dort ihre Produktion mangels Aufträgen eingestellt. Um solche Einbrüche besser zu überstehen, bräuchte es eine entsprechend starke Binnennachfrage. Für die aber wären höhere Löhne für chinesische ArbeitnehmerInnen eine Voraussetzung – genau das Gegenteil dessen, worauf das chinesische Erfolgsmodell bisher beruhte.

Aber auch in der EU werden in Zeiten einbrechender Exportmärkte die Grenzen der globalen Weltmarktintegration und die Fokussierung der EU-Volkswirtschaften auf Exportmärkte sichtbar. Die zunehmende Abhängigkeit europäischer Arbeitsplätze von einer globalen Nachfrage macht diese in Zeiten wirtschaftlicher Krisen weitaus anfälliger. Die Antwort der EU-Kommission und der EU-Regierungschefs auf diese Situation ist jedoch nicht ein Überdenken der aktuellen Außenhandelsstrategie, sondern – gemeinsam mit den Staatschefs der anderen G20-Länder – ein Bekenntnis zum weiteren Abbau von Handelsschranken und somit das weitere Vorantreiben eines globalen Marktes. In der Abschlussdeklaration der G20 vom 15. November 2008 halten diese klar fest, dass zur Bewältigung der Finanzkrise und ihrer realwirtschaftlichen Folgen der Abschluss der WTO-Doha-Runde vonnöten wäre.

Prinzipien und Elemente für eine EU-Außenhandelspolitik, die sozial und ökologisch nachhaltige Entwicklung in Europa und im globalen Süden unterstützt.

Wir stehen angesichts der Multiplikation von Krisen vor

der Herausforderung, in den kommenden Jahren nicht nur das globale Finanzsystem zu stabilisieren und wieder in den Dienst der Wirtschaft zu stellen, sondern auch Lösungen für die Hungerkrise, Klimakrise, Energiekrise und auch die soziale Krise (steigende Arbeitslosigkeit, Migration etc.) zu finden. Es bedarf eines umfassenden Transformationsprojektes, welches zum einen Kernelemente der gegenwärtigen Globalisierung – hier insbesondere das Handelsregime – radikal ändert und zum anderen Schritte zur Rettung des Ökosystems der Erde setzt. Aber auch das Ziel eines ökologischen, sozialen, friedlichen und demokratischen Europas kann nur mit einer Änderung der aktuellen EU-Außenhandelspolitik erreicht werden. Nachfolgend einige Prinzipien und Elemente, anhand derer die EU-Außenhandelspolitik neu zu formulieren ist:

Sozial und ökologisch nachhaltige Entwicklung als Ziel der EU-Außenhandelspolitik

Handel ist – so wie Investitionen – ein Instrument der Wirtschaftspolitik und kein Ziel an sich. Die Ziele der EU-Außenhandelspolitik müssen neu definiert werden. Anstatt der »globalen Wettbewerbsfähigkeit« europäischer Unternehmen muss die EU-Außenhandelspolitik sich an der Förderung ökologisch und sozial nachhaltiger Entwicklung orientieren, an der Förderung sozialer Sicherheit und Wohlfahrt für alle, an Geschlechtergerechtigkeit und kultureller Diversität. Handel und Handelsregeln müssen so gestaltet sein, dass sie diese Ziele unterstützen. Freihandel oder die Ausweitung des Handels – so wie derzeit propagiert – kann kein Ziel per se sein.

Vor dem Hintergrund der Klima-, Hunger- und Energiekrise gilt es, nachhaltigere Wirtschaftsformen zu fördern, die weniger CO_2-Emissionen verursachen und langfristig die Unabhängigkeit von Erdöl ermöglichen. Vor diesem Hintergrund ist lokalen und regionalen (regional im Sinne der regionalen Integration – z.B. EU, Mercosur, ASEAN etc.) Wirtschaftskreisläufen Vorrang zu geben. Dies erfordert eine Anpassung multilateraler Handels- und Investitionsabkommen. Die ökologischen Grenzen der Erde, aber auch die bisherigen sozialen Auswirkungen (sinkende Löhne, Abbau von sozialen Sicherungssystemen, Explosion der Migration) des utopischen Projektes eines »einheitlichen globalen Marktes« sind ad acta zu legen.

Erhalt des politischen Handlungsspielraumes von Staaten, damit sie die Menschenrechte umfassend umsetzen können

Handels- und Investitionsabkommen, die die EU mit anderen Staaten abschließt – sei es auf multilateraler oder bilateraler Ebene –, dürfen die politischen Handlungsspielräume von Regierungen zur Umsetzung der Menschenrechte wie z. B. das Recht auf Nahrung, Wasser, Gesundheit oder Bildung nicht unterminieren. Sie müssen vor ihrem Abschluss bzw. ihrer Ratifizierung einer unabhängigen Bewertung hinsichtlich ihrer möglichen Auswirkungen für die Menschenrechte in den Vertragsländern unterzogen werden. Zivilgesellschaftliche Organisationen müssen die Möglichkeit haben, an diesen Verfahren teilzunehmen.

Wirtschaftliche Subsidiarität

Güter und Dienstleistungen sollen nicht so »global« (Freihandelsparadigma) wie möglich, sondern so »lokal« wie möglich produziert und konsumiert werden. Klimawandel und Energiekrise erfordern eine Rückkehr zum Prinzip der Nahversorgung und lokalen Wirtschaftskreisläufe. Anstatt der aktuellen globalen Arbeitsteilung, die die Länder des Südens zu Rohstoff- und Energielieferanten für Industrieländer degradiert, während die Produktion von Technologien und Wissen (Stichwort »EU als Wissensgesellschaft«) in den reichen Ländern des Nordens erfolgt, muss die Förderung regionaler Integration und Technologietransfer, die eine eigenständige Entwicklung im Süden ermöglicht, in den Vordergrund gestellt werden. EU-Handelspolitik und EU-Handelsabkommen dürfen nicht eine globale Arbeitsteilung festschreiben, die die Länder des Südens auf die Rolle von Rohstofflieferanten oder der billigen Werkbank beschränkt.

Ernährungssouveränität

Der Handel mit agrarischen Rohstoffen und Lebensmitteln bedarf einer gesonderten Stellung, aufgrund der Funktion von Lebensmitteln für das menschliche Überleben. Lebensmittelproduktion und -handel können daher nicht nach demselben Prinzip organisiert sein wie der Handel mit Industriegütern. Jedes Land muss die Möglichkeit haben, entsprechend seiner geografischen und klimatischen Gegebenheiten Lebensmittel für seine eigene Bevölkerung zu produzieren. Die Fähigkeit eines Landes, sich zum höchstmöglichen Grad selbst zu ernähren, darf nicht unterminiert werden. Instrumente wie Zölle oder Importquoten sind zulässige Instrumente zum Schutz der lokalen Produktion. Für die EU bedeutet das, ihre Agrarpolitik und die damit verbundene Handelspolitik auf die Versorgung der europäischen Bevölkerung mit gesunden Lebensmitteln auszurichten und den Export von Lebensmitteln so zu gestalten, dass die Lebensmittelproduktion der Handelspartner nicht zerstört wird. Internationale Handelsregeln sollten den Verkauf von Lebensmitteln zu Preisen unterhalb der tatsächlichen Produktionskosten (Dumping) nicht erlauben. Der Handel mit jenen Lebensmitteln, die nicht in Europa produziert werden – z.B. Kaffee oder Kakao – erfolgt auf der Basis von »Fair Trade«. Ebenso setzt sich die EU dafür ein, dass jegliche Patentierung von Leben und die Absicherung dieser Investorenrechte im Rahmen von internationalen Abkommen (Trade Related Aspects of Intellectual Property Rights TRIPS, World Intellectual Property Organisation WIPO) abgeschafft werden.

Verpflichtende Einhaltung globaler Standards für Unternehmen

Anstatt einer »Freihandelszone« brauchen wir sozial und ökologisch gerechten Handel: Unternehmen sollen nur dann handeln oder investieren dürfen, wenn sie sich verpflichten, Standards und Gesetze einzuhalten (Arbeits-, Sozial-, Umweltstandards, Regeln zum Schutz von KonsumentInnen oder steuerliche Verpflichtungen). Bei Nichteinhaltung müssen diese Unternehmen gerichtlich verfolgt und verurteilt werden können. Die EU verpflichtet sich, für Unternehmen, deren Hauptsitz in einem EU-Land liegt, extraterritoriale Verantwortung zu übernehmen. Das heißt, dass diese Unternehmen auch innerhalb der EU für die Nichteinhaltung von Gesetzen und rechtlichen Standards in einem Drittland geklagt und zur Verantwortung gezogen werden können. Die UNO hat bereits 2003 mit den »draft norms on the behavior of transnational corporations« einen umfassenden Pflichtenkatalog für Konzerne erstellt, den die EU als Vorreiterin auch einseitig umsetzen könnte.

Neuformulierung des Herkunftslandprinzips

Um das Sozial- und Umweltdumping zu stoppen, beinhalten EU-Handels- und Investitionsabkommen die Verpflichtung für EU-Unternehmen, die sozialen und ökologischen Standards der EU im Drittland, in dem sie investieren bzw. produzieren, einzuhalten. Dabei gelten die höchsten Standards innerhalb der EU als Leitlinie. Im Gegenzug dazu verpflichtet sich die EU, Drittländer in der Verbesserung von Standards unter anderem durch finanzielle Hilfe oder andere Mittel zu unterstützen. Produkte, die nicht diesen sozialen und ökologischen Standards entsprechend produziert werden, sollen nicht in die EU importiert werden dürfen.

Einseitige Öffnung als weiteres Entwicklungsinstrument

Für viele Entwicklungsländer, insbesondere die AKP-Staaten, sind Exporte in die EU für die aktuelle Struktur ihrer Volkswirtschaften überlebenswichtig. In den Handelsabkommen mit diesen Ländern soll die EU bewusst auf das Prinzip der Gleichbehandlung verzichten, demzufolge beide Handelspartner unabhängig von ihrem Entwicklungsgrad ihre Grenzen gleich stark öffnen müssen. Die EU gesteht den Entwicklungsländern stattdessen zu, ihre eigenen Märkte zu schützen, um so den Aufbau von lokalen Unternehmen zu ermöglichen. Diese einseitige Marktöffnung ist so gestaltet, dass dadurch hohe Sozial- und Umweltstandards innerhalb der EU nicht unterlaufen werden.

Handel auf der Basis von Kostenwahrheit

Das aktuelle globale Handelsvolumen basiert darauf, dass ein Großteil der sozialen und ökologischen Kosten, die im Rahmen der Produktion und des Transportes entstehen, sich nicht im Preis des Produktes widerspiegeln. Diese Kosten werden von der Allgemeinheit getragen. Die EU verpflichtet sich, Kostenwahrheit als ein zentrales Grundprinzip ihrer Außenhandelspolitik anzusehen und in ihren Handelsabkommen zu verankern und durchzusetzen.

Fokussierung auf multilaterale Handelsregeln und Einbettung globaler Handels- und Investitionsregeln in die UNO

Die EU verpflichtet sich, Handelsbeziehungen zu Drittländern über multilaterale Abkommen zu regeln, und setzt sich für die Einbettung dieser Regelwerke und deren Institutionen in die UN ein. Multilaterale Handelsabkommen dürfen nicht im Widerspruch zu anderen multilateralen Abkommen stehen. Rechtliche Verpflichtungen von Staaten hinsichtlich der Wahrung der Menschenrechte und zum Schutz und Erhalt der ökologischen Grundlagen der Erde haben Vorrang vor Handelsregeln. Andere UN-Organisationen wie z. B. das Umweltprogramm UNEP, das Entwicklungsprogramm UNDP, die Arbeitsorganisation ILO, die Weltgesundheitsorganisation WHO, die Ernährungsorganisation FAO, das Flüchtlingshochkommissariat UNHRC, die Klimaschutzkommission UNCCC etc. sind in den Verhandlungsprozess von multilateralen Handelsregeln einzubinden, um die Kohärenz bzw. die Nicht-Aushöhlung rechtlich vorrangiger Abkommen sicherzustellen.

Demokratisierung der EU-Handelspolitik

Die Erstellung des Mandats für die EU-Außenhandelspolitik sowie die Verhandlung von Handels- und Investitionsabkommen der EU mit Drittstaaten müssen in einem demokratischen Prozess erfolgen, in dem alle zivilgesellschaftlichen Akteure, die verschiedene Interessen im Blick haben – Gewerkschaften, Umwelt-NGOs, Menschenrechtsorganisationen etc. – in der EU beteiligt werden. Dem EU-Parlament sowie nationalen Parlamenten müssen Verhandlungsdokumente lückenlos vorgelegt werden, außerdem müssen diese Parlamente Mitentscheidungsrechte erhalten. Einsicht in die Verhandlungsdokumente muss auch den zivilgesellschaftlichen Akteuren in den Drittstaaten eingeräumt werden.

Zivilgesellschaftliche Strategien

Seit 2000 gibt es das »Seattle-to-Brussels-Netzwerk«, ein Zusammenschluss von zivilgesellschaftlichen Organisationen aus verschiedenen europäischen Ländern, welches unter dem Motto »Stopp der konzerngetriebenen Außenhandelsagenda der EU« für eine Änderung der EU-Außenhandelspolitik arbeitet. Attac-Organisationen aus mehreren Ländern sind Mitglied dieses Netzwerkes. Seit 2006 bemüht sich das Netzwerk, nicht nur die negativen Auswirkungen der EU-Außenhandelspolitik auf die Menschen und die Umwelt in den Ländern des Südens aufzuzeigen, sondern auch deren Auswirkungen auf die Menschen und die Umwelt in Europa zu thematisieren, um so die Allianz für eine andere EU-Außenhandelspolitik zu verbreitern. Ein Schwerpunkt der Arbeit ist die Erarbeitung von alternativen handelspolitischen Regeln. Das Seattle-to-Brussels-Netzwerk ist Teil des globalen Netzwerkes »Our World is Not for Sale«.

Weitere Informationen

www.s2bnetwork.org und www.globaleuropewatch.org sowie www.ourworldisnotforsale.org

Bacon, David: Illegal People. How Globalization Creates Migration and Criminalizes Immigrants. Boston 2008

Business Europe: Going Global. The Way Forward. Positionspapier (Oktober 2008) www.businesseurope.eu

Chang, Ha-Joon: Kicking away the ladder. Development Strategy in Historical Perspective. London 2003

Deckwirth, Christina: Die Konzernagenda in der EU-Handelspolitik. Zur Rolle europäischer Konzerne und ihrer Lobbygruppen in der WTO-Politik der Europäischen Union. WEED-Broschüre. Berlin 2005 (www.weed-online.org)

Ecofair Trade Dialogue: Slow Trade – Sound Farming. Handelsregeln für eine global zukunftsfähige Landwirtschaft. Heinrich Böll Stiftung & Misereor 2007

Fédération Internationale des ligues des Droits d'Homme (FIDH): Human Rights Impact Assessment of Trade and Investment Agreements concluded by the European Union. Positionspapier (2008) www.fidh.org

Forum Umwelt und Entwicklung: Die neue EU-Handelspolitik im Wettbewerbswahn. (Autor Peter Fuchs) Bonn 2007

Global Labor Strategies: Why China Matters. Labor Rights in an era of Globalization. www.laborstrategies.blogs.com 26.1.2009

Keet, Dot: South-South. Strategic Alternatives to the Global Economic System and Power Regime. Amsterdam: Transnational Institute (www.tni.org/reports/altreg/south-south.htm)

Kommission der Europäischen Gemeinschaften: Ein wettbewerbsfähiges Europe in einer globalen Welt. Ein Beitrag zur EU-Strategie für Wachstum und Beschäftigung. (2006)

Mitteilung der Kommission an den Rat und das Europäische Parlament, KOM (2006) vom 4.10.2006, Brüssel

Kwa, Aileen: Rethinking the Trading System. Friedrich Ebert Stiftung. Dialogue on Globalization. Occasional Papers Geneva Nr. 32 2007 (2007)

Mahnkopf, Birgit: Investition als Intervention: Wie interregionale und bilaterale Investitionsabkommen die Souveränität von Entwicklungsländern beschneiden, in: Internationale Politik und Gesellschaft, Heft 1/2005

Seattle to Brussels Network (S2B): Corporate Power over EU Trade Policy: Good for Business, bad for the World, by Myriam Vander Stichele, Kim Bizzari, Leonhard Plank, Brussels (www.s2bnetwork.org)

12 Friede!
Unser friedensstiftendes Europa

Wolfgang Machreich

Mujo und Fata sind in Bosnien-Herzegowina so etwas wie Graf Bobby und Baron Mucki in Wien – zwei Witzfiguren: Eines Tages kommt Fata früher als erwartet vom Markt nach Hause und erwischt Mujo in flagranti mit einer anderen. »Betrügst du mich!«, schreit sie ihn an. »Aber nein, Fata, ich schwöre, nein«, sagt er. Sie wieder: »Sicher, du betrügst mich!« Und er: »Ganz sicher nicht!« Eine Zeit lang geht das so hin und her, bis Mujo sagt: »Liebste Fata, wem glaubst du mehr – mir oder deinen Augen?«

Mirsad Tokaca hat diesen Witz im Herbst 2008 bei einem Symposium in Wien erzählt, bei dem es um Vergangenheitsbewältigung und Versöhnung zwischen den Völkern in Ex-Jugoslawien ging. Und nach dem Witz stellte der Bosnier Tokaca, der in Sarajewo ein Zentrum zur Erforschung und Dokumentation der Kriegsgräuel gegründet hat, die todernste Frage: Wem glauben wir mehr, wenn es um die Geschichte des Bosnien-Krieges geht – unseren Augen oder den Erzählungen von nationalistischen Politikern, instrumentalisierten Historikern und anderen Kriegs(v)erklärern? Tokaca plädiert für die Fakten, die man sehen und zählen kann. Denn »ohne Fakten«, sagt er, »gibt es keine Gerechtigkeit« und »ohne Fakten gibt es keine Versöhnung«.

Die Fakten müssen nicht nur bei der Aufarbeitung der bosnischen und anderer Kriegsvergangenheiten die erste Stelle in der Diskussion einnehmen. Ohne einen ehrlichen Blick auf die Fakten bleibt das »Friedensprojekt Europa« ein Fantasiegebäude. Somit gibt es auf die adaptierte Frage von Witzfigur Mujo: »Wem glaubst du mehr: Jenen, die die EU als einen weltweiten Friedensmakler schönreden oder deinen Augen?« nur eine Antwort – den Augen!

Die EU hat in sicherheitspolitischer Theorie und Praxis große Anstrengungen unternommen, um fit für eine globale Kriegsführungsfähigkeit zu werden. Der Vertrag von Lissabon hat militärische Kampfeinsätze als integralen Bestandteil der künftigen europäischen Außenpolitik definiert. Eine »Zivilmacht Europa« gibt es nicht, sie wäre auch ein völliger – begrüßenswerter und entscheidender – Bruch der europäischen Tradition. Europa war immer eine Militärmacht. Europa stellte über Epochen hinweg die meisten und stärksten Aggressoren mit einem »weltweit langen Arm«. Da jedes Land seine eigene Militär-Geschichte, seine eigene Einsatzdoktrin, seine eigene Bedrohungsanalyse, seine eigenen Budgetvorhaben, seine eigenen politischen Entscheidungsmechanismen und seine eigenen Ambitionen hat, sind die militärischen Ressourcen der EU heute so heterogen, wie sie es eben sind. Vom Londoner Institut für Strategische Studien (IISS) wurde die EU deswegen im Sommer 2008 gerügt. Daneben stoßen dem IISS auch die Doppelgleisigkeiten zwischen der EU und der NATO ungut auf. Wenn die EU-Truppen ernst genommen werden wollen, verlangt das IISS, müssen sie auch über die Fähigkeit verfügen, aggressive Kampfeinsätze zu führen.

Die EU-Truppen wollen ernst genommen werden. Die IISS-Militärmacht-Rezepte werden deswegen in Brüssel und in den nationalen Hauptstädten Gehör finden, denn die EU ist wie die anderen großen Akteure Antreiberin und Getriebene der Globalisierung zugleich. Der Erfolg der vertiefenden und erweiternden Integration hat die EU zu einer Weltmacht geformt, wobei Europas politisches Gewicht in der Welt mit den Erfolgen europäischer Unternehmen auf den Weltmärkten gewachsen ist. Mit 20 Prozent Anteil am Welthandel ist die EU die größte Handelsmacht. Auch als halbherzige Supermacht befindet sie sich damit in einer Situation »imperialistischer Konkurrenz«. Europäische Wirtschaftsinteressen gehören laut der inneren Logik des gegenwärtigen Wirtschaftssystems außenpolitisch und militärisch gefestigt. Der Gegensatz zwischen dem »ökonomischen Riesen und dem politischen Zwerg« muss gemäß dieser Logik überwunden werden.

Doch wie passt der europäische Soldatenstiefel auf den Kriegs- und Krisenschauplätzen der Welt mit dem postheroischen Teddybär-Image zusammen, das die europäischen Friedenssoldaten zu Hause genießen? Kurz gesagt: überhaupt nicht! Und das nicht nur im neutralen Österreich. Händler, Exporteure, Importeure ja, Soldaten, Söldner nein, so lässt sich das Selbstverständnis der europäischen Bevölkerungen – unterschiedlich gewichtet, aber im Trend eindeutig – wiedergeben.

Genau auf dieses Selbstverständnis aber muss die Vision von »unserem friedensstiftenden Europa« aufbauen. So wie in den anderen Politikfeldern, wo die EU in eine Richtung gedrängt wird, in die sie die Europäerinnen und Europäer nicht haben wollen, muss auch hier gelten: Das Recht geht vom Volk aus! Der Friedenswille der europäischen Bürgerinnen und Bürger muss in konkrete Friedenspolitiken umgesetzt werden: Abrüstungs- und Friedenspflicht sind die zentralen Eckpfeiler einer Friedenspolitik, die diesen Namen verdient, die Stärkung und Demokratisierung der UNO eine unerlässliche Konsequenz daraus.

»Wir haben mit der europäischen Einigung unsere Lehren aus blutigen Auseinandersetzungen und leidvoller Geschichte gezogen. Wir leben heute miteinander, wie es nie zuvor möglich war. Wir Bürgerinnen und Bürger der Europäischen Union sind zu unserem Glück vereint«, heißt es in der Berliner Erklärung, mit der die deutsche Ratspräsidentschaft zum 50. Jahrestag der Römer Verträge im Frühjahr 2007 den EU-Verfassungsprozess wieder anzuschieben versuchte. Friede und Glück, das waren und das sind die zentralen Verheißungen der EU. Kein Krieg mehr und kein Elend – davon hat Europa, haben die Europäerinnen und Europäer schon genug erlebt und erlitten.

Damit steht die politische Führung in der EU vor einem Dilemma: Wie nach innen den Schein der Zivil- und Friedensmacht wahren und trotzdem nach außen erfolgreich sein im kriegerischen Wettkampf um Standortvorteile und Ressourcen? Brüssel und die nationalen Hauptstädte haben sich als Ausweg für eine langsame Heranführungs- und Gewöhnungsstrategie gegenüber ihren Bevölkerungen entschieden: Dort ein militärischer Einsatz, da eine Mission. Zeitlich und örtlich begrenzt, das Ziel nie zu weit gefasst, damit immer ein Erfolg rauskommt, auch wenn sich an der Krise selbst nichts wirklich zum Besseren wendet.

Beispiel »Artemis«: Nach der griechischen Göttin der Jagd wurde die erste autonome EU-Militäroperation benannt, die 2003 im Osten der Demokratischen Republik Kongo stattfand. Seit Jahren ist diese Region das Zentrum eines unübersichtlichen Krieges in Zentralafrika. An dieser Situation hat sich auch durch den damaligen Einsatz europäischer Soldaten nichts geändert. Dennoch wird die Mission »Artemis« von Politikern und EU-Strategen als Vorbild für zukünftige EU-Interventionen genannt. Im Herbst 2008 eskaliert die Situation im Ostkongo erneut. Vertreibungen, Massaker, Hunderttausende Tote, Flüchtlinge … Die EU schreitet wieder ein – an der verheerenden Gesamtsituation können aber auch dieser und weitere Einsätze dieser Art nichts ändern. Denn im Kongo tobt ein Rohstoffkrieg.

Keine Friedensmacht, die zugleich und vor allem auch Wirtschaftsmacht ist, will und kann diesen Krieg beenden. So lautet auch das Fazit einer Expertenkommission, die nach den ausländischen Profiteuren des Bürgerkriegs im Kongo gesucht hat: Über hundert Firmen aus aller Welt haben in der Demokratischen Republik Kongo gegen die OECD-Richtlinien für multinationale Unternehmen verstoßen und tragen somit eine Mitschuld am Andauern des Konflikts. Etwa die Hälfte von ihnen hat aber ihren Firmensitz in einem der Staaten, die sich an der EU-Mission »Artemis« beteiligt haben. Der Konflikt ließe sich austrocknen, würden die Kriegsherren keine finanzstarken Abnehmer mehr für ihre Waren finden. Offensichtlich besteht daran vonseiten der europäischen Regierungen jedoch kein Interesse.

Und der Kampf um geopolitischen Einfluss bleibt nicht nur auf das afrikanische Festland beschränkt. »Atlanta« heißt die Mission, mit der sich die EU im Kampf gegen das Piratenunwesen am Horn von Afrika einbringt. Kaum war diese europäische Operation geboren, kam aus Peking die Nachricht, dass die Meere um Somalia bald auch von der chinesischen Marine »gesichert« würden. »Nicht nur um die Piraten zu bekämpfen, sondern auch um China in diesen Meeren der Welt zu vertreten«, kommentierte das Novum ein chinesischer Stratege. Das beweist einmal mehr, dass sich hinter dem Krieg gegen die Piraterie in Somalia ein neues Schlachtfeld im geopolitischen Machtspiel verbirgt – und die EU spielt auf diesem Schlachtfeld mit.

Und wo schon Land und Wasser genannt wurden, dürfen die Luft und der Raum darüber nicht fehlen: »Wer den Weltraum kontrolliert, kontrolliert die Welt«, sagte der spätere US-Präsident Lyndon B. Johnson 1961. Das stimmt heute genauso. Wer den Weltraum kontrolliert, hat auch die militärische und wirtschaftliche Vormachtstellung auf der Erde inne. Und auch im All zeigt die EU Präsenz: Das europäische Navigationssystem Galileo soll als zivil geführtes Projekt dem amerikanischen Global Positioning System (GPS) Konkurrenz machen, das dem US-Verteidigungsministerium untersteht. Wirtschaftliche Konkurrenz im All bedeutet immer auch militärisch Paroli zu bieten, denn Weltraumforschung ist eng mit militärischen Aktivitäten und Strategien verbunden. Die wenigsten Programme dienen ausschließlich friedlichen Zwecken.

Rohstoffe, Energie, Wasser, Handelsrouten, Einflusssphären, Kontrollräume – um diese strategischen Ressourcen wird in Zukunft mehr gestritten und sogar gekämpft werden, sagt der Nationale Geheimdienstrat (NIC) der USA in seinem im

November 2008 veröffentlichten Blick in die nächste Zukunft voraus. Und die EU rüstet sich bereits für diese Ressourcenkriege – zu Erde, zu Wasser und in der Luft. Ausgeträumt also der Traum von »unserem friedlichen Europa«?

Ja, wenn damit die Vorstellung verbunden ist, dass in einer EU der Lobbyisten der Frieden einfach so vom Himmel fällt und in die Welt hinausgetragen wird. Ja, wenn der falschen Rede von der Zivil- und Friedensmacht mehr geglaubt wird als den eigenen Augen und den Fakten. Ja, wenn damit die falsche Vorstellung verbunden ist, Friedenspolitik beschränke sich auf »die da oben« und brauche nicht den Willen und dessen starke und andauernde Bekundung durch die Basis. Ja, wenn geglaubt wird, Friedenspolitik bringe recht viel, koste aber nichts.

Im Gegenteil: Frieden ist mühsam, Frieden ist teuer, kostbar und immer gefährdet. Außerdem: Frieden und Versöhnung können von oben, von der Politik angestoßen, gefördert, vorgelebt werden. Aber sich versöhnen, den Frieden mit Leben erfüllen, das Misstrauen, die Vorurteile, die Gegensätze ausräumen, müssen schließlich Menschen, Völker, einmal verfeindete Nachbarn, frühere Feinde … Der Traum von »unserem friedensstiftenden Europa« kommt erst in eine REM-Phase, wenn die Friedensbewegung von einst in einem starken Friedens-Lobbying wiederersteht, wenn die EU-Bürgerinnen und -Bürger keinen »zu unserem Glück« vereinten Kontinent auf Kosten anderer Weltregionen mehr akzeptieren.

»Unser friedensstiftendes Europa« beginnt bei der Rüstungsindustrie. »Stell dir vor, es ist Krieg und keiner hat eine Waffe«, muss die Devise in Anlehnung an einen bekannten pazifistischen Slogan heißen. In der Realität zeigen jedoch alle Parameter in die andere Richtung: In den vergangenen Jahren lieferten sich die Europäer mit den USA ein Kopf-an-Kopf-Rennen um den Titel des weltgrößten Waffenexporteurs. Und werden dabei von der EU unterstützt, der an einer »besser verzahnten Rüstungspolitik« sehr gelegen ist und die ihre Mitgliedsstaaten im Lissaboner Vertrag verpflichtet, »ihre militärischen Fähigkeiten regelmäßig zu verbessern«.

Die europäische Rüstungsindustrie als »EU-Verteidigungsindustrie« auszugeben, ändert nichts an der Tatsache, dass sie so wie jede andere Waffenschmiede eine Kriegs- und Tötungsindustrie ist. Geld und Waffen brauchen alle Kriege und mit beidem werden Konflikte auf der ganzen Welt auch aus Europa versorgt. Denn neben dem Rohstoffimport aus Kriegsgebieten ist der Waffenexport in die Krisenregionen dieser Welt die zweite Hauptursache für die Langlebigkeit von Konflikten. Gerade die Klein- und Leichtwaffen sind für Tod und Verstümmelung der meisten Opfer in den Bürgerkriegen Afrikas und anderswo verantwortlich. In der EU gibt es über 400 Firmen, die Kleinwaffen herstellen – kaum weniger als in den USA.

Neue, strikte Regeln zur Kontrolle von Rüstungstransfers sind nötig, um Krieg und Menschenrechtsverletzungen im Keim zu ersticken. Das Europaparlament fordert seit langem ein rechtlich verbindliches Instrument zur Kontrolle von Waffenexporten aus der EU. Anfang Dezember 2008 hat der EU-Ministerrat nach mehrjähriger Blockade endlich einen Verhaltenskodex für Waffenexporte verabschiedet, doch große Kontroll-Lücken bleiben bestehen. Oder besser gesagt, sie wurden von den Mitgliedsstaaten, die am meisten von Waffenexporten profitieren, bewusst offengelassen – und von den kleineren Waffenexportländern, die ein wenig am großen Kuchen mitnaschen dürfen, toleriert. Eigenartig: Die nationale Veto-Keule wird in den EU-Räten gerne geschwungen, bei der Frage, ob der Tod exportiert werden darf, bleibt dieser Knüppel aber im Sack.

»Dann machen das Geschäft eben die anderen!« Stimmt, andere Länder, Konzerne, große und kleine Waffenschmieden werden die Marktnische füllen, wenn die Europäer aus diesem Todesmarkt aussteigen. Das beweist aber nicht, dass Europa mit einem solchen Politikwechsel in Richtung Abrüstung und Waffenexportkontrolle falsch läge. Jeder Krieg, den ein Land in ein anderes trägt, kommt als Bumerang zurück. Der amerikanische Gesellschaftskritiker Noam Chomsky sagt in seinem Buch *Hybris*, entweder siegt die Vernunft oder es wird keine Sieger geben. Einer muss mit der Abrüstung anfangen. Und wem stünde diese Rolle besser zu als Europa, das ja auch beim weltweiten Export von Krieg und Kolonialismus die Vorreiterrolle eingenommen hat? Es hält uns nichts davon ab, heute mit derselben Verbissenheit, mit der wir jahrhundertelang den Krieg in die Welt getragen haben, den Frieden zu exportieren. Als Kolonialisten haben wir Erfahrung – warum nicht heute für einen »Friedenskolonialismus« eintreten? Wobei sich aber nicht die EU zum weltweiten Zwangsbeglücker aufschwingen darf, sondern der EU vielmehr die Rolle des engagiertesten Promotors einer demokratischen und gestärkten UNO zusteht. Nur Vereinten Nationen, die diesen Namen verdienen, steht ein Gewaltmonopol auf diesem Planeten zu, das das völkerrechtliche Interventionsverbot aushebeln darf. Unsere friedensstiftende EU schwingt sich deshalb nicht neben anderen Großmächten zu einer quasi Mini-UNO auf. Einem tatsächlich friedensstiftenden Europa ist daran gelegen, eine UNO zu bauen, der alle gleichermaßen unterstehen, die nicht von den einen blockiert und von den anderen instrumentalisiert werden kann.

Krieg rechnet sich nicht, nirgends – und Kriegswirtschaft auch nicht. Kriegsindustrie mag heute Profite einbringen und Hunderttausende Arbeitsplätze sichern, morgen schafft sie humanitäre Folgekosten und ruiniert Millionen Leben. Wer daran glaubt, dass man in der EU die Landwirtschaft und weite Industriebereiche umstrukturieren muss und kann, dem darf ein solches Vorgehen im Bereich der Rüstungsindustrie nicht fremd sein. Waffenproduzenten sind High-Tech-Betriebe, warum sollten sie nicht Hochtechnologie, die dem Leben dient, statt es zu zerstören, entwickeln und produzieren können? Wenn die EU nur einen Bruchteil der Gelder, die sie heute in die Aufrüstung steckt, für die Umstrukturierung der

Rüstungsindustrie in zivile Aufgabenbereiche verwendet, und noch dazu einen engagierten Friedenskommissar oder eine aktive Friedenskommissarin mit dieser Agenda betraut – dann werden Schwerter zu Pflugscharen umgeschmiedet und die biblische Vision der Arbeits- und Produktionswelt in einer friedlichen Gesellschaft bleibt nicht länger eine Utopie.

Die Umstrukturierung von einer Kriegs- zu einer Friedensindustrie darf aber nicht bei der »Hardware« anfangen und aufhören. Gleichzeitig muss die »Software« umgerüstet werden, Frieden einen zentralen Stellenwert in den Lehr- und Stundenplänen von Schulen und Universitäten einnehmen. In Österreich gibt es auf der Burg Schlaining im Burgenland eine erfolgreiche Friedensuniversität. Weitere auf dem ganzen Kontinent werden folgen, wenn die Europäerinnen und Europäer endgültig beschließen, ins 21. Jahrhundert einzutreten. Das Denken und Handeln des 20. Jahrhunderts wird dann nur mehr als abschreckendes Beispiel in den Geschichtsbüchern angeführt, aber nicht mehr das Denken der Menschen bestimmen. Wobei es zu wenig ist, auf ein paar ausgebildete Friedensspezialistinnen und -spezialisten hinzuweisen. Die Ellbogen-Schulungen gehören vor allem aus den Wirtschaftsstudien verbannt und durch Methoden ersetzt, die Konkurrenten auf dem Markt zu Partnern machen. Der wirtschaftliche Erfolg wird sich in Zukunft immer auch an dem messen müssen, was er für das Zusammenleben regional und global geleistet hat. Produkte, die neben dem Bio- und Fair-Trade-Gütesiegel nicht auch noch die Friedenstaube aufweisen, haben keine Berechtigung am Markt. Was anderswo Leben zerstört, soll seinen Marktzugang verlieren.

Nach der Wahl von Barack Obama zum US-Präsidenten ist viel von einem »Momentum« für den weiteren Lauf der Weltgeschichte die Rede. Gerade für die Abrüstung der Atomwaffen öffnet sich damit ein »window of opportunity«, das die EU nicht ungenützt lassen darf. Obama will seinem Land in der atomaren Abrüstung aber eine führende Rolle geben und

»dramatische Einschnitte in die Arsenale« erreichen. Vor allem muss es jetzt gelingen, den Trend zu stoppen und umzukehren, demzufolge Atomwaffen integraler Bestandteil der Militärplanung sind und der Einsatz von Atomwaffen kein Tabu mehr darstellt. Die Arsenale der Atommächte umfassen heute rund 26 000 nukleare Sprengköpfe, ein eklatanter Verstoß gegen den 1968 unterzeichneten Atomwaffensperrvertrag. Und die Hemmschwelle, diese Waffen einzusetzen, ist gesunken. Was dadurch bedrohte »atomare Habenichtse« nach der Bombe suchen lässt – ständige Kriegsgefahr wie im Falle Nordkoreas und Irans mit eingeschlossen.

Der Chef der Internationalen Atomenergiebehörde IAEO, Mohamed El Baradei, hofft nach Obamas Äußerungen darauf, »dass die Bemühungen für eine wirkungsvolle Rüstungskontrolle nun wieder in Gang kommen«. Aber trotz der messianischen Erwartungen, die man teilweise mit Obama verbindet, wird es ohne eine Anti-Atomwaffen-Massenbewegung zu keinem Durchbruch bei der atomaren Abrüstung kommen, wird die für 2010 einberufene Atomwaffensperrvertrag-Konferenz erneut scheitern. Hier wie anderswo müssen die Bürgerinnen und Bürger »Stopp!« sagen. Warum die Atomkriegsgefahr derzeit keine Menschen mobilisieren und auf die Straße bringen kann, ist sowieso ein Rätsel. Die Auseinandersetzungen um den US-Raketenabwehrschirm in Tschechien und Polen haben zwar dort zu Protesten geführt und die Befürchtung genährt, ins nukleare Ziel zu geraten. Ein solidarischer Aufschrei in der ganzen EU ist aber ausgeblieben. Irgendwie scheint man sich mit der Gefahr arrangiert zu haben – ein fataler Irrweg! Ob »schmutzige Bombe«, ob kriminelle Weitergabe von spaltbarem Material, ob Fehleranfälligkeit oder die Gefahr nationaler Konfrontationen – siehe Indien und Pakistan –, die »Bombe« in allen ihren Ausformungen ist so schrecklich wie in den Zeiten des Kalten Kriegs.

Das ist bei den Atomwaffen so wie mit den ungelösten Problemen, die die Atomenergie verursacht: Sicherheitsrisiko,

Atommüllfiasko … Augen zu und durch, lautet die Devise, ohne einen Gedanken an zukünftige Generationen zu verschwenden. Ein unhaltbarer Zustand in einer demokratischen EU, die nicht nur im Heute lebt, sondern für das Morgen vorsorgt. Der tschechische Botschafter in Wien hat die atomfeindliche Haltung der Österreicherinnen und Österreicher einmal als eine »in Europa völlig einzigartige Psychose« beschrieben. Gut 20 Jahre nach der Tschernobyl-Katastrophe kommt solche Verächtlichmachung wieder leicht von den Lippen. Die Halbwertszeit der menschlichen Erinnerung ist leider um ein Zehntausendfaches geringer als die Halbwertszeit von Atommüll. Was aber nichts am Faktum ändert, dass Atomenergie auf Kosten anderer geht, ein unlösbares Erbe hinterlässt, Leben zerstört und damit keinen Platz in »unserem friedensstiftenden Europa« hat. Die österreichische Psychose nimmt sich gegen die europäische Realitätsverweigerung in diesem Fall geradezu wohltuend aus. Und warum sollte es nicht gelingen, den Rest von Europa von seiner Schizophrenie zu heilen und mit der Atom-Psychose zum Nutzen aller anzustecken? Die könnte sich dann vom zivilen auf den militärischen Bereich ausbreiten: Denn ohne dass Europa seine Atommächte Frankreich und Großbritannien von der Abrüstung ihrer Atomwaffen-Arsenale überzeugt, kann es nicht weltweit als glaubwürdiger Abrüstungsmakler auftreten.

Die Europäische Atomgemeinschaft EURATOM braucht dafür gar nicht abgeschafft zu werden. Sie gehört bloß auf einen ihrer Gründungsgedanken zurückgeführt: die Friedenssicherung. Diese Aufgabe kann heute nur als Abrüstungsverpflichtung verstanden werden. Denn europäische Atomwaffen schützen nicht, sondern gefährden Europa. Und noch etwas sollte »unser friedensstiftendes Europa« auf seine Friedensagenda setzen: Bis der Traum von einer atomwaffenfreien Welt umgesetzt ist, braucht es eine weltweit vergemeinschaftete Nukleartechnik. EURATOM hat sich in den letzten Jahrzehnten darin im europäischen Kontext eine große Expertise angeeignet. Die gilt es jetzt für ein weltweit einheitliches Nuklearregime zu nutzen. Erzeugung, Vertrieb und Handel mit spaltbarem Material gehören unter die Kontrolle der in Wien ansässigen UN-Atomenergiebehörde IAEO gestellt. Kein Land braucht sich dann noch dem Verdacht auszusetzen, seine zivilen Atomprogramme dienten »in Wirklichkeit« einem militärischen Hintergrund. Es gibt nur mehr einen Vertreiber für spaltbares Material. Weitere Anreicherungen von Uran etc. für Kriegszwecke sind damit ausgeschlossen. Diese weltweite Nuklearbörse hat aber ein Ablaufdatum, ist nur eine friedensstiftende und friedenssichernde Krücke, bis Europa und die Welt wieder von der atomaren Lähmung geheilt sind.

Europaweite Abrüstung bleibt aber ohne Beteiligung unseres Nachbarn auf dem Kontinent Stückwerk. Sicherheit in und für Europa ist nicht ohne und nicht gegen Russland möglich. Anfang der 1980er-Jahre tauchte zum ersten Mal der Terminus vom »Gemeinsamen Haus Europa« auf. Das Wort blieb jedoch folgenlos, bis der KPdSU-Generalsekretär Michail Gorbatschow daraus ein politisches Konzept machte, Glasnost und Perestroika zum Fall der Berliner Mauer führten und das Ende des geteilten Europas einleiteten. Und heute, 20 Jahre nach dem Wendejahr 1989? NATO und EU haben sich weiter nach Osten ausgedehnt, setzen damit jedoch in neuer Gestalt die Spaltung des Kontinents fort: auf der einen Seite die Gefüge des Westens, auf der anderen Russland und dazwischen eine unbestimmte Zwischenzone. Das Konzept vom Gemeinsamen Haus Europa wurde aufgegeben, ein neuer Konflikt zwischen Russland und dem anderen Europa nicht verhindert. Wobei Russland eine Hand reicht, die von »unserer friedensstiftenden EU« nicht zurückgewiesen werden darf. Im September 2008 hat Russlands Außenminister Sergej Lawrow in seiner Rede vor der UN-Vollversammlung den Moskauer Vorschlag bekräftigt, einen Neuanfang in der Gestaltung der europäischen Sicherheitsarchitektur zu unternehmen. Lawrow nannte diesen neuen Vertrag »Helsinki II«.

Mit der Helsinki-Akte hatte sich Europa 1975 im Rahmen der Konferenz für Sicherheit und Zusammenarbeit in Europa (KSZE) eine eigene Charta der friedlichen Koexistenz geschaffen, die von bleibendem Wert ist. Ost und West stimmten darin überein, dass es gelte, einen Krieg zu verhindern und den Frieden zu erhalten. Wenn Russland jetzt diese Tradition wieder aufgreifen will, umso besser. Denn die KSZE, heute OSZE, verfügt über Potenziale der Streitbeilegung und hat auch im Menschenrechtsbereich wirksame Instrumente zur Verfügung. Die OSZE hätte schon in den Jugoslawien-Kriegen als Alternative zur Verfügung gestanden, wurde aber von der NATO zur Seite geschoben. Heute fristet die OSZE ein kümmerliches Dasein. Dabei wäre sie eine Alternative zur Militarisierung der EU. Sie gehört reaktiviert, denn sie hat völkerrechtlich begründete Instrumente, Personal, Strukturen und ein positives Ansehen aus der Vergangenheit. Die OSZE ist die sinnvolle und nutzbare Ressource der Konfliktbeilegung für »unser friedensstiftendes Europa«.

Und so wie im europäischen Kontext die OSZE marginalisiert wird, so werden auf weltweiter Ebene die Vereinten Nationen zurückgedrängt und ihrer Interventionsmöglichkeiten beraubt. In der »Menschlichen Sicherheitsdoktrin für Europa« aus dem Jahr 2004 werden die fünf Hauptbedrohungen für die Welt und Europa in dieser Reihenfolge aufgezählt: Terrorismus, Verbreitung von Massenvernichtungswaffen, regionale Konflikte, gescheiterte Staaten und Organisiertes Verbrechen. Die Sicherheitsdoktrin stellt fest, dass keiner dieser Gefahren rein militärisch begegnet werden kann und dass die bisherigen Konzepte weitgehend wirkungslos (geworden) sind. Die Analyse ist brillant – nur die Schlüsse, die daraus gezogen werden, sind fatal. Denn anstatt die Vereinten Nationen und ihre Instrumente zu stärken, setzt die EU auf eine eigene Krisen-Eingreifstruppe und treibt damit unter dem Mäntelchen der internationalen Krisenbewältigung die Aufrüstungsspirale weiter an. Die Amerikaner, die Russen, die Chinesen, die Afrikanische Union machen dasselbe, weitere werden folgen. Jeder baut sich seine eigene »Friedens-Truppe« – auf Kosten der ursprünglichen und eigentlichen Blauhelme. Der Traum von »unserem friedensstiftenden Europa« geht aber anders weiter: Unser Europa unterstellt seine zivil-militärischen Spezialkräfte ausschließlich dem UNO-Gewaltmonopol. Das europäische Land, das gegen diese Friedenspflicht verstößt, wird aus der EU ausgeschlossen. Unser Europa stärkt das zivile Element bei der Konfliktprävention und Konfliktbeilegung. Unser Europa baut mit an einem weltweiten Frühwarnsystem für Krisen und Konflikte. Unser Europa sucht nach den Ursachen für Kriege und arbeitet an deren Beseitigung statt an einer militärischen (Trost-)Pflasterpolitik. Das Wichtigste aber ist: Unser friedensstiftendes Europa glaubt nicht mehr dem friedlichen Schein, den sich die EU umhängt, der die Europäerinnen und Europäer selbstgefällig und selbstzufrieden sein lässt. Unsere friedensstiftenden Europäerinnen und Europäer glauben ihren Augen. Und wenn sie Krieg und Elend sehen, fragen sie nach ihrer Verantwortung. Denn zu unserem Glück, in Europa auf Kosten anderer in der Welt vereint zu sein, ist ihnen zu wenig – sie wollen mehr, sie wollen Frieden!

PERSÖNLICHE VISIONEN FÜR EIN ANDERES EUROPA

13 Europa von unten
Der Neubau Europas aus den Köpfen und Herzen seiner Bürger

Gerald Häfner

Menschen lernen dazu. Ständig. Jedenfalls der Möglichkeit nach. Mit unserem Zuwachs an Wissen, Fähigkeit und Erfahrung können wir unsere Welt verbessern.

Oder soll ich sagen: Könnten? Denn wir tun es nicht. Jedenfalls nicht immer.

Leider. Es geht darum, unsere Erkenntnisse auch anzuwenden, um Dinge, Einrichtungen, Verfahren, Institutionen besser zu machen, als sie bisher waren. Das sollte eigentlich selbstverständlich sein. Ist es aber nicht. Denn dem steht vieles – und stehen viele – im Wege.

Ein Beispiel gefällig? Gut, nehmen wir Europa.

Europa – oder genauer: das vereinigte, politische Europa – ist ja eine gute Sache. Wenn es nicht existierte, müsste man es erfinden. Lange Zeit empfanden die Menschen das nicht so. Lange Zeit ging es ihnen sogar umgekehrt: Sie winkten ab, wenn vom gemeinsamen Europa oder, anmaßender noch, von der »Unionsbürgerschaft« die Rede war. Es ärgerte sie, denn sie hatten nichts damit zu tun.

Europa, das war damals das Privileg einer verschwindend kleinen Zahl (meist schon etwas älterer Männer), vor einen Wald seit Stunden aufgebauter Kameras zu treten und den Menschen von Hammerfest bis Gibraltar in halbjährlichen Abständen und immer neuen herrschaftlichen Inszenierungen zu verkünden, was sie in Zukunft zu tun oder zu lassen, zu beachten oder zu ignorieren hätten. Europa, das war eine gewaltige Bürokratie. Zigtausende Beamte und Lobbyisten trafen sich, plauderten, speisten und vereinbarten nebenbei die künftigen Rechtsakte. Kein Wunder, dass dabei Gesichtspunkte der betroffenen Bürger oft auf der Strecke blieben. Sie schickten ja keine Lobbyisten nach Brüssel. Die Firmen, Branchen- und Interessenverbände aber schon. Und gegen deren Phalanx, die gut bezahlten Vertreter von Großindustrie, Banken und Versicherungen, Energieversorgern, Auto- und Maschinenbauern, Pharma-, Biotech- und Konsumgüterherstellern waren die wenigen Vertreter der Demokratie- und Bürgerrechts-, Asyl-, Friedens-, Umwelt- und Verbraucherverbände nahezu chancenlos. Europa, das war eine Gesetzgebungsmaschine mit der Tendenz zur Bevormundung. Und Europa, das war eine Einbahnstraße. Die Kommunen, Regionen und Staaten Europas wurden ihrer Souveränität, die eigenen Angelegenheiten selbst zu regeln, immer mehr beraubt. Immer neue Regelungskompetenzen rutschten wie der auf einem Steildach liegende Schnee in der Sonne gen Brüssel – aber nichts rutschte zurück. Und Europa, das war eine Veranstaltung ohne die Bürger. Sie, die Europäer, wurden, wenn es um ihre eigenen Angelegenheiten ging, nur als ferne Zuschauer geduldet. Sie mussten beachten, was ihnen auferlegt wurde, aber sie hatten nichts zu sagen.

Das ging lange Zeit gut. Oder was man dort, wo man die Menschen in der Regel nur als Zuschauer einer Fernsehansprache, als Publikum einer Wahlkampfveranstaltung oder durch sicherheitsverglaste Scheiben einer Limousine bzw. eines Flugzeuges wahrnahm, eben gut nennt. Selbst dort aber ließen sich eines Tages die permanent sinkende Wahlbeteiligung und die ständig wachsende Kritik nicht mehr verdrängen. Man musste etwas tun. Denn die Menschen beklagten nicht nur das eklatante Demokratiedefizit, sie beklagten auch seine fatalen Auswirkungen. Wo die Bürger nicht das Sagen haben, fehlt deren Kontrolle ja nicht nur formal. Sie fehlt auch inhaltlich. So kamen immer wieder Entscheidungen zustande, denen die Bürger nie zugestimmt hätten. Wirtschaftliche Interessen wurden bestimmend – und fast alle anderen Aspekte und Werte diesen untergeordnet.

Etwas mehr Demokratie, Effizienz und Transparenz musste her. Das war klar. Sonst würde man völlig die Zustimmung der Menschen verlieren, ohne die die EU auf Dauer nicht überleben würde. Also versuchte man es. Doch die angekündigte Absicht ließ sich nicht so einfach umsetzen. Was als Demokratisierung angekündigt war, hielt weder den Erwartungen der Öffentlichkeit stand, noch dem zuvor postulierten eigenen Anspruch. Mehrere Vertragsänderungen brachten nicht das notwendige Ergebnis. Auch der sogenannte Verfassungskonvent nicht. Zu sagen, er sei gescheitert, wäre beschönigend. Man ließ ihn auflaufen, man sabotierte seine Arbeit, indem man ihm weder die notwendige Zeit noch das Recht, selbst Entscheidungen zu treffen, zugestand. So konnte nicht entstehen, was Europa so dringend brauchte: ein wirklich neuer und unabhängiger Entwurf für ein demokratisches und subsidiäres Europa der Bürger. Der mangelnde Mut zur Freiheit führte letztlich zum Scheitern. Den so präsentierten Verfassungsentwurf musste man nach der Ablehnung in zwei Volksabstimmungen dann murrend wieder zurückziehen. Der kurz danach präsentierte, weitgehend inhaltsgleiche sogenannte Lissabon-Vertrag, mit dem man das Geplante substanziell zu retten und gleichzeitig das Wichtigste, das Europa brauchte, zu umgehen versuchte, blieb nie mehr als ein wackliges Provisorium, das, erst recht nach der Ablehnung in der einzig unumgänglichen Volksabstimmung in Irland, auf tönernen Füßen stand.

Das alles aber liegt lange zurück und wirkt wie aus einer vergangenen Welt. Wenn man heute zurückblickt, wundert man sich, wie lange es dauerte und wie schwer es war, den Knoten mangelnder Bürgerzustimmung und Demokratie zu lösen. Denn heute ist ja all das gesichert, was den Menschen im früheren Europa fehlte. Das heißt allerdings gerade nicht, dass nun alle mit allem einverstanden wären. Noch weniger heißt es, dass es heute keine Konflikte oder Meinungsverschiedenheiten mehr gäbe. Im Gegenteil!

Es gibt sie. Und das ist auch gut so. Denn sie bringen Europa voran. Mehr als alles andere. Denn in diesen Konflikten bzw. auf dem Wege ihrer Bewältigung konstituiert sich erst, was die früheren »Verfassungen« und Verträge immer schon voraussetzen wollten: ein gemeinsames Europa. Ein europäischer demos. Europäische Strukturen, Verfahren und – vor allem eine europäische Politik, die von den Bürgern gewollt und getragen wird.

Denn sie werden offen ausgetragen und am Ende demokratisch, in den meisten (vor allem in allen wirklich wichtigen) Fällen sogar von den Bürgern selbst, entschieden. Demokratie bedeutet ja gerade nicht, dass alle einer Meinung sind, sondern dass das Ergebnis offen ist und alle sich beteiligen können, wenn in einer fairen Abwägung zwischen verschiedenen Möglichkeiten die beste ausgewählt wird. Je offener, sachlicher und fairer das Verfahren und je strikter dabei die Gleichheit und Souveränität aller Beteiligten beachtet wird, desto besser, erstaunlicherweise, in aller Regel auch das Ergebnis – und damit die Politik. In Europa zeigt sich das immer wieder.

Und Europa hat sich dadurch geändert. Mehr als wir das je für möglich gehalten hätten. Heute schaut die ganze Welt auf Europa, denn was sich hier tut, ist – vorläufig – einzigartig. Das muss aber nicht so bleiben, denn es ist nicht exklusiv. Auch in anderen Ländern und Kontinenten beginnt man nun, ernsthafte, substanzielle, unmittelbare Demokratie zu wagen und staunt über die Ergebnisse. Sie führt nicht nur zu anderen, besseren Ergebnissen, sie steigert auch den Grad der Informiertheit der Bürger. Sie fördert deren Diskurs und die Sachlichkeit politischer Auseinandersetzungen. Sie steigert die Legitimation von Entscheidungen und deren allseitige Akzeptanz. Sie stärkt Integration und Identifikation mit dem Gemeinwesen und damit dieses selbst, ebenso wie den Gemeinsinn der Bürger.

Trotzdem gibt es manchmal Verlierer. Gerne hätten die Militärs zum Beispiel mehr Flugzeuge und Panzer befehligt – und die Industrie mehr verkauft. Die Bürger aber beschlossen, die Logik des bisherigen Vertrages umzudrehen. Die Mitgliedsländer verpflichteten sich, Jahr für Jahr weniger für Rüstung – und dafür mehr für die Bekämpfung von Hunger und Armut, für Bildung sowie für den Schutz von Umwelt und Klima auszugeben. Die Entscheidung erwies sich als wichtig und wegweisend weit über Europa hinaus. Denn noch immer ist die Welt voller Spannungen. Aber immer mehr Länder orientieren sich am von Europa vorgelebten Weg einer Politik der Entspannung und der friedlichen Konfliktlösung und blühen auf. Einst fest gebundene Milliardenbeträge werden frei für sinnvolle Projekte. Und wo Konflikte bestehen, wächst die Nachfrage nach ehrlichen Vermittlern, die nicht insgeheim eigene geopolitische, strategische oder militärische Interessen vertreten, sondern wirkliche Konfliktlösung im Auge haben. So übersteigt die Zahl der Gewinner die der Verlierer um ein Tausendfaches.

Ähnlich war es mit der Gentechnik und der Atomenergie. In beiden Fällen ging die Industrie von riesigen Gewinnmargen aus. Entsprechend massiv war ihr Einsatz. Dennoch beschlossen die Bürger Europas in beiden Fällen ein Moratorium, das erst aufzuheben ist, wenn nachgewiesen werden kann, dass an keinem Punkt mehr unakzeptable Risiken bestehen. Dies war zugleich eine Entscheidung für eine dezentralere, nicht fossile Energieerzeugung und für eine Landwirtschaft, die den Boden nachhaltig pflegt, statt ihn zu vergiften und auszulaugen. In beiden Fällen war die wirtschaftliche Bilanz positiv. Nicht für wenige Multis, aber für Millionen kleiner und mittlerer Unternehmen, für die Arbeitsplätze, für die Nachhaltigkeit, für die Mit-, Um- und Nachwelt.

Ich finde nicht alles richtig, was beschlossen wird. Ich weiß aber auch, dass der Maßstab nicht sein kann, was ich will, sondern wofür sich nach gründlicher Abwägung die Mehrheit entscheidet. Und ich gestehe: Ich finde es weit beruhigender, weit besser und sozial stimmiger, zu wissen, dass nicht einer allein (oder ein kleines Grüppchen) bestimmen kann, sondern dass all das, was für alle gelten soll, auch von allen in offenen und fairen Verfahren vereinbart wird.

Angefangen hatte dies mit der unausweichlichen Notwendigkeit, endlich einen Vertrag zu schaffen, der die Zustimmung der Menschen finden würde. Europa begriff, dass es auf Dauer nicht ohne und schon gar nicht gegen seine Bürger existieren, entscheiden und Politik machen könnte. Und man wusste: Es war, nach so vielen Fehlschlägen, Europas letzte Chance. Was also tun? Man folgte dem Vorschlag von Mehr Demokratie und Attac. Ein neuer Konvent musste her. Aber diesmal wurde er nicht von den politischen Organen eingesetzt, sondern demokratisch gewählt. Die so von den Bürgern legitimierten Vertreter aus allen Mitgliedsstaaten fanden sich zusammen, um in allem Ernst, aller Ausführlichkeit und aller Ruhe über Form, Struktur und Entwicklung eines künftigen demokratischen Europa zu sprechen.

Sie wussten, sie hatten nur diesen einen Anlauf. Deshalb wollten sie sich Zeit nehmen. Anders als bisher, wo jeder Versuch mit einem enormen Zeit- und politischen Druck versehen wurde, entschieden sie sich für Geduld. Lieber ein gründlicher und fundierter öffentlicher Diskurs als eine schnelle, aber nie substanziell diskutierte Verabschiedung. So entschied man sich auch, nicht gleich in der ersten Runde verbindlich zu entscheiden, sondern den eigenen, sehr gelungenen Entwurf nach seiner Verabschiedung erst einmal via Internet, Zeitungen, Rundfunk und Fernsehen der gesamten europäischen Öffentlichkeit bekannt zu machen und diese aufzufordern, ihn gründlich zu diskutieren. Die Ergebnisse dieser Diskussion sollten dann in einer erneuten Beratungsphase so weit wie möglich in einen zweiten, überarbeiteten Entwurf einfließen, bevor dieser schließlich der Öffentlichkeit zur Abstimmung vorlegt würde.

Früh schon wurde hierbei deutlich: Man diskutiert und formuliert anders, völlig anders, wenn man weiß, dass der eigene Vorschlag am Ende den Bürgern unterbreitet und von diesen gutgeheißen werden muss, nicht nur von den Chefs der diversen Regierungen. Und obwohl der Entwurf durch die vielen Beratungen und das Aufnehmen wichtiger Anliegen aus der öffentlichen Diskussion tatsächlich immer besser wurde, gab es am Ende nicht die erwartete Abstimmung über ein fertiges, nicht mehr veränderbares Ergebnis. Vielmehr stellte der Konvent an einigen wichtigen Stellen, an denen Grundsatzentscheidungen zu treffen waren (für die es sehr gut begründete, einander entgegenstehende Auffassungen gab), nicht nur seinen Mehrheitsvorschlag, sondern auch wichtige Varianten zur Abstimmung. Dies waren vor allem Fälle, bei denen ein Formelkompromiss oder eine vorweg getroffene Festlegung eine klare Weichenstellung des Souveräns in einer wichtigen Frage geradezu verhindert hätte. Ein Beispiel hierfür war die Tiefe der europäischen Integration.

Interessant war: Bei dieser Abstimmung hat die europäische Ebene nicht nur Kompetenzen er- bzw. behalten, sondern weit mehr noch zurückgegeben. Die Bürger setzten stärker, als man das erwartet hatte, auf ein Europa der Vielfalt in einem einheitlichen, Menschen-, Bürger-, demokratische und soziale Rechte garantierenden Rahmen. Heute wird in Europa weit mehr unten und näher bei den Menschen entschieden als früher. Auch das ist eine Folge der unmittelbaren Demokratie: Die Leute wollen Europa. Aber nur dort, wo wir es zwingend brauchen. Sie wollen keinen Moloch, keine Krake, keinen Überstaat. Und sie wollen so viel wie möglich selbst regeln, so nahe bei den Menschen und Problemen, wie es geht.

Heute wissen wir: Die Volksabstimmungen sind keine Gefahr für Europa, sondern sein größtes Glück. Sie haben dem gemeinsamen Europa nicht geschadet, sondern es vorangebracht. Vor allem haben sie Europa vermittelt, was es früher am dramatischsten entbehrte: die Zustimmung, die Köpfe und Herzen der Menschen. Mit ihrer Hilfe ist Europa anders geworden, aber besser. Kein Europa von oben nach unten mehr, sondern eines von unten nach oben. Und: Durch die Bürger wächst zusammen, was ohne sie weiter getrennt bliebe. In ihnen entsteht eigentlich erst, was frühere Politiker von oben durch den Einsatz von Macht, Drohung und Geld erzwingen und was sie in einer Mischung aus Anmaßung und Vorwegnahme schlicht als Anspruch behaupten wollten: die Konstitution Europas.

14 Ein Europa der Europäer

Freda Meissner-Blau

Ein Europa, das keine Hoffnung zulässt, ist hoffnungslos antiquiert. Dieses Buch ist für seine AutorInnen ein Zeichen der Hoffnung. Dieses Zeichen wollen wir weitertragen.

Natürlich könnte man träumen. Um Utopien zu entwickeln, bedarf es jedoch vorerst der Beurteilung dessen, was real existiert. Vor allem dasjenige, das uns ärgerlich, falsch bis unerträglich erscheint. Für jeden geglückten Veränderungsprozess ist es notwendig, zu wissen, wohin die Reise gehen soll. Meine Ziele für ein ebenso humanes wie humanistisches Europa mögen den satten Entscheidungsträgern als weltfremd, naiv und utopisch erscheinen. Doch sind Utopien keine Fantasiegebilde, sie sind die Tatsachen von morgen, so wie die Utopien von gestern unsere Lebenswirklichkeit von heute sind. Sonst gäbe es noch immer Kinderarbeit und einen Feudalismus pur. (Auch wenn wir heute immer noch mit Resten eines Feudalismus der anderen Art zu ringen haben.)

Die Idee der europäischen Einigung könnte sich zu einer großartigen Sache entwickeln. Jetzt sind wir noch weit davon entfernt, denn: Der Europäischen Union fehlen die Europäer! Ein Europa ohne Europäer ist so etwas wie eine Fehlgeburt. Oder eine Frühgeburt, die erst einmal mit viel Aufwand aufgepäppelt werden muss. Weshalb die Europäer in Brüssel nicht oder kaum wahrgenommen werden, liegt wohl in erster Linie an einer mächtigen Bürokratie, die im Lauf der Jahre zum Selbstzweck der Bürokraten geworden ist. Die sind offenbar nicht in der Lage, die europäische Bevölkerung mit ihren Wünschen, Sorgen und Problemen in ihre Programme und Projekte einzubeziehen. So wenden sich die Europäer in der Mehrzahl enttäuscht oder desinteressiert ab.

Von den Brüsseler Entscheidungsträgern, welche den verantwortlichen Bankmanagern und Industriebaronen für das jüngste Weltfinanzdesaster viele Milliarden Soforthilfe (bei uns sogar ohne rigorose Bedingungen, Kontrollen und Obergrenzen) in den Rachen stopfen und zugleich Millionen in sichere Armut stürzen lassen, ist keine gerechte Welt zu erwarten. Ebenso wenig wie von den autistischen Finanzhaien, die abseits unserer Ängste gut versorgt in ihren Paralleluniversen leben, nicht das geringste Verständnis für unzufriedene Untertanen zu erwarten ist, die ihre oft blutig erkämpften Rechte und Freiheiten und ihre gefährdete Umwelt vor dem Zugriff der Zentralisten und Profiteure zu retten versuchen.

Der Mythos vom selbstregulierenden und autonomen Markt hat sich zum wiederholten Male als pankapitalistisches Märchen entlarvt, das »Weniger Staat, mehr Privat«-Gebot der bankrotten Neoliberalen ist zum globalen finanziellen Desaster und der Europäisierung der Massenarmut mutiert, während die multinationalen Banken und Industrien plötzlich im Chor nach der Rettung durch den Staat rufen.

Sparen ist angesagt und herzlich wenig wird für den guten alten Sozialstaat übrig bleiben, die Pleitemanager ziehen sich derweil mit vielen Millionen in ihre bescheidenen Penthäuser zurück, während die Frauen und Männer auf der Straße den Gürtel enger schnallen müssen.

Das ist nicht das ersehnte Europa. Das ersehnte Europa ist ein kultiviertes, ein emphatisches Europa, ein Europa, das den Armen und Elenden der Welt die Hände reicht, um ihnen zu helfen, sich aus der Misere zu befreien, statt sie um ihrer Rohstoffe willen in Geiselhaft zu halten. Die alten neokolonialen Träume sind schleunigst aufzugeben.

Europa braucht couragierte Mahner und Kritiker à la Jean Ziegler, der auf der Seite der Hungernden steht und die Machenschaften von Industrieoligarchen enthüllt.

Wir wollen kein Europa, in dem die diversen Barrosos an den Hebeln der Macht wieder das tödliche Loblied der Atomenergie laut und schamlos anstimmen dürfen, trotz Störfällen in schöner Regelmäßigkeit, inklusive der nachhaltigen Kontamination unseres Lebensraumes. Das ist nicht das lebenswerte Europa, das uns die königlich honorierten PR-Industrien vorgaukeln. Einer der kritischsten und intelligentesten Geister des 20. Jahrhunderts, Günther Anders, bezeichnete die Atomreaktoren als nukleare Zeitbomben mit nicht festgelegtem Explosionstermin. Soll ein Europa der tickenden Zeitbomben die Antwort auf die benötigten sauberen Energien sein? Die Brüsseler Technokraten haben sichtlich ein viel zu offenes Ohr für die Zauberlehrlinge der Atomindustrie. In einem Europa der Europäer hat EURATOM jedwede Existenzberechtigung verloren

Bei uns in Österreich wurden die erlaubten Grenzwerte für Pestizide auf Anordnung von Brüssel hinaufgesetzt. Wobei heute schon jedem Laien bekannt ist, dass Pestizide hormonaktive Stoffe beinhalten, welche desaströse Auswirkungen auf die männliche Fruchtbarkeit haben und Hodenkrebs auslösen.

Auch wenn mit den für uns erhöhten Pestizidwerten in anderen EU Ländern vermutlich erstmals Grenzwerte eingeführt oder herabgesetzt wurden, ist nicht einzusehen, weshalb wir nun auch noch mehr Krankmacher in unsere Nahrung bekommen sollen. Hinzu kommt, dass immer nur die einzelnen Stoffe untersucht werden und nie ihre kumulative Wirkung. In der Chemie heißt es 0 + 0 + 0 = 7, das bedeutet, dass drei niedrig dosierte und einzeln harmlose Substanzen kumuliert bei Risikobewertung sich als giftig herausstellen. Solches nennt man selbstzerstörerische Blindheit.

Ähnliches gilt für die – zurzeit noch nicht endgültig beschlossene – Verordnung aus Brüssel, 10 Prozent Biodiesel den herkömmlichen Treibstoffen beizumischen. Wenn man bedenkt, dass 258 kg Reis, Mais oder Hirse verbrannt werden müssen, um einen Tank zu füllen, diese Menge jedoch ein Kind etwa im hungernden Sambia ein Jahr lang ernährt, wird Biodiesel zur Organisation des Hungers und zum Mord an den Hungernden dieser Welt. Ist doch die Tatsache dass alle drei Sekunden ein Kind in unserer Welt an Unterernährung stirbt, schlicht skandalös, schandbar und unerträglich. Die Befriedigung unserer automobilen Bequemlichkeit durch Verbrennung von Lebensmitteln, von denen andere Menschen abhängen, entfernt uns immer weiter von den Werten der europäischen Aufklärung: Freiheit, Gleichheit, Geschwisterlichkeit. Diese Werte sind ein unverzichtbares Minimalprogramm, nicht nur Parolen für Sonntagsreden.

Europa, ja und selbst unser kleines, relativ ruhiges Österreich, wird zunehmend zum Überwachungsstaat seiner BürgerInnen. Da wir nicht in millionenfache Mr und Ms Wilson verwandelt werden wollen, sondern als freie Bürger in einem freien Land zu leben wünschen, ist die lückenlose Überwachung, Belauschung und Beobachtung nur auf manifest Verdächtige zu beschränken. Lückenloses Monitoring rund um die Uhr ist Sache totalitärer Staaten und kann und darf nicht zur Praxis in sogenannten freien Demokratien werden. Hilfe zur Selbsthilfe und Linderung schreiender Not in Ländern des Südens und Fernen Ostens würden mehr zur Bekämpfung terroristischer Tendenzen ausrichten als jeder »Krieg gegen den Terror«, der in erster Linie Aktionsfeld für die weltweite Waffenindustrie ist und dem vor allem die unschuldige Zivilbevölkerung zum Opfer fällt, wie uns täglich etwa im Irak vor Augen geführt wird.

Wir wollen ein Europa, in dem die Freiheit des Einzelnen (Artikel 12 der Allgemeinen Erklärung der Menschenrechte) garantiert wird. Das schließt auch die Freiheit Verfolgter und Asylsuchender ein. Unter dem Deckmantel des Kampfes gegen den Terror wird diese Freiheit laufend missachtet. Nach dem Terror jedoch bleiben die Maßnahmen bestehen, welche in Wirklichkeit nicht den Terror, sondern die Bürgerrechte bekämpft haben.

»Wehret den Anfängen«, riefen unsere Väter. An uns Europäern liegt es, den Orwell'schen Albtraum nicht zu normativen Fakten werden zu lassen.

Wir wollen ein Europa ohne »Trojaner«, ohne Biodaten und digitale Wachtürme, ohne als Gentechnologen verkleidete Eugeniker. Ein Europa, dessen Politiker den humanistischen Werten verpflichtet sind, keine »Sozialfighter«, die gebrauchte Kriegsgeräte über die Köpfe der betrogenen Wähler fliegen lassen, während befreundete Supermächte diskret den Himmel der österreichischen Republik überfliegen dürfen.

Thema Landwirtschaft: Die Bauern liefern uns unsere Nahrung, die Reinheit ihrer Produkte beeinflusst unser Wohlbefinden und unsere Gesundheit. Der ehemalige österreichische Kommissar Franz Fischler hat vorsichtig versucht, die Union zu einem Umdenken von der folgenreichen Begünstigung der Intensivlandwirtschaft hin zu einer gesunden, ökologischen, weitgehend extensiven Wirtschaft zu führen, zu unser aller Gunsten und zum Vorteil der ländlichen Regionen. Es ist nicht oder nur sehr zaghaft gelungen, doch es sind die Konsumenten, welche ihre Präferenz mittels einer immer größer werdenden Nachfrage nach weniger vergifteter und industriell manipulierter Nahrung manifestieren. Allerdings steht zu befürchten, dass mit einer sich ankündenden und breite Schichten erfassenden Arbeitslosigkeit und Verarmung die Menschen wieder gezwungen werden, zu »billigem« Junkfood zu greifen, mit den damit verbundenen steigenden Kosten für die Krankenkassen.

Wir plädieren für faire Preise für unsere Bauern, das Verbot von genmanipulierten Produkten und die grundsätzliche Priorität ökologisch verträglicher und den Boden schonender Anbaumethoden unter Berücksichtigung klein strukturierter Bergregionen. Da der Mensch nun einmal ist, was er isst, werden die Bevölkerung einerseits und die Gesundheitsvorsorge andererseits davon profitieren.

Beibehalten und fortsetzen würden wir in einem Europa der Europäer alles, was in der Union gut und vernünftig ist.

Wie etwa die Förderung von Programmen für den Austausch und die Freiheit der Jugend, in anderen Ländern zu studieren, zu lernen und zu leben, das Recht aller Unionsmitglieder, sich in jedem EU-Land ihrer Wahl niederzulassen, dort zu arbeiten und zu bleiben.

Dass aus der gemeinsamen Außenpolitik, dem »Die-EU-spricht-mit-*einer*-Stimme«, immer noch nichts wurde, ist nicht Brüssel allein anzukreiden, sondern den Regierungen der Mitgliedsländer, die egoistisch ihre eigenen Süppchen kochen und nationale Machtpolitik treiben, unter dem unschönen Motto »Eigennutz geht vor Gemeinnutz«.

Auch die neuen Asylpläne der Kommission wären sinnvoll und fairer. Doch auch sie werden am Egoismus der Länder scheitern, allen voran an unserer eigenen österreichischen Regierung und den Volksvertretern der Parteien, außer den Grünen. Die Kündigung des Dubliner Abkommens sowie die Arbeitsgenehmigung für Asylanten hätten für eine gerechtere Aufteilung der Verpflichtungen und Kosten im Asylbereich gesorgt. Doch Solidarität ist ein Fremdwort im real existierenden Europa.

Wir wünschen uns ein Europa der Gratisbildung für Benachteiligte und ein hohes Niveau des Unterrichts für alle statt eines Europas der wenigen geförderten »Eliten«, Exzellenzen und Protegierten. Ein Europa der Spinozas, Giordano Brunos, der Hanna Arendts und Günter Anders. Ein Europa der Aufklärer à la Voltaire, Bertrand Russell und Miguel de Unamuno, nicht ein Europa der kleinen Lichter und toten Geister, gierig nach Herrschaft, Geld und Macht. Eine dezentrale europäische Gemeinschaft der Völker in Frieden und Freiheit statt einer schrankenlos deregulierten und ethikfreien Zone für eine die Staaten beherrschende Marktwirtschaft.

Ein Europa, das den Menschen verdinglicht als Kostenfaktor, Arbeitsmaterial, als «Hackler« und reinen Mehrwertbeschaffer, der aus dem Zentrum des Seins vertrieben wird, kann nicht das Gelobte Land sein.

In unserem Europa würde strikte Gewaltentrennung herrschen statt der heute in Brüssel herrschenden vorkonstitutionellen Verquickung der Legislative und der Exekutive, und mit einem extrem schwachen Parlament. In einem Europa, das bedingungslos die Unantastbarkeit der Menschenrechte garantiert, ist der Souverän der einzig legitime Entscheidungsträger. Ohne Rücksicht auf seine vitalen Interessen kann es kein Europa der Europäer geben. Wir haben die Chance, ein solches zu bauen statt eine posthumane Gesellschaft in einem rein monetarisierten Europa.

Das Europa der Europäer, heute noch ein Traum, ist als Vision schon greifbar. Das ist auch die Chance seiner Verwirklichung.

15 Menschenrechte als oberstes Ziel

Manfred Nowak

Die globale Klima-, Nahrungsmittel-, Finanz- und Wirtschaftskrise stellt eine Chance für die Schaffung einer an den universellen Menschenrechten orientierten neuen Weltordnung dar. Die EU sollte mit gutem Beispiel vorangehen und in Europa Strukturen schaffen, die allen hier lebenden Menschen eine möglichst umfassende Verwirklichung aller (wirtschaftlichen, sozialen, kulturellen, bürgerlichen und politischen) Menschenrechte gewährleisten. Auf der Basis der durch eine solche Politik gewonnenen moralischen und politischen Autorität sollte sich die EU im Rahmen globaler Institutionen für die Verwirklichung der Menschenrechte, also in erster Linie für die Bekämpfung der Armut, für gerechten Welthandel und für die Schaffung effizienter globaler Strukturen zur Sicherung des Weltfriedens, zum Schutz der Menschenrechte und zur Förderung einer nachhaltigen und ökologisch verträglichen Entwicklung einsetzen.

Um eine Wiederholung des Nazi-Holocaust und der Schrecken des Zweiten Weltkriegs zu vermeiden, gründeten die europäischen Nationalstaaten verschiedene europäische Organisationen. 1949 wurde der Europarat geschaffen, um jene westeuropäischen Staaten, die sich zu den gemeinsamen europäischen Grundwerten der pluralistischen Demokratie, des Rechtsstaates und der Menschenrechte bekannten, von den faschistischen Staaten wie Spanien und Portugal und von den kommunistischen Staaten in Mittel- und Osteuropa abzugrenzen. Kurz danach folgten die drei europäischen Gemeinschaften mit dem Ziel, Kriege in Europa durch eine enge Verflechtung der europäischen Nationalwirtschaften in Zukunft zu vermeiden. 1975 wurde schließlich in Helsinki die Konferenz für Sicherheit und Zusammenarbeit in Europa (KSZE) eingerichtet, um den Eisernen Vorhang zwischen Ost- und Westeuropa ein wenig durchlässiger zu machen. Die KSZE mit ihren drei »Körben« Sicherheit, wirtschaftliche Zusammenarbeit und Menschenrechte wurde schneller als erwartet zu einem Katalysator, der die Implosion der verkrusteten Regime des »realen Sozialismus« in Mittel- und Osteuropa institutionell begleitete und in halbwegs geordnete Bahnen lenkte. 1990 wurde in Paris feierlich die »Charta für ein Neues Europa« verkündet: Michail Gorbatschow und François Mitterand versprachen ein »gemeinsames europäisches Haus«, das die europäischen Werte Demokratie, Rechtsstaat und Menschenrechte endlich in die Realität umsetzen sollte. Leider hat Europa, allen voran die mit dem Maastrichter Vertrag neu gegründete Europäische Union, diese einzigartige Chance, die Visionen der unmittelbaren Nachkriegszeit zu verwirklichen und nicht nur auf dem »alten Kontinent«, sondern auch auf globaler Ebene eine an den Menschenrechten orientierte »neue Weltordnung« zu schaffen, gründlich verspielt.

Statt aus den Fehlern der Vergangenheit zu lernen und sich für andere zu öffnen, ließ sich Europa von xenophoben Ängsten rechtsradikaler Politiker, von nationalistischem Kleingeist und von der Habgier neoliberaler Wirtschaftspolitik leiten. Statt nach dem Fall des Eisernen Vorhangs Gastfreundschaft für die nach Freiheit und Solidarität dürstenden Menschen aus Mittel- und Osteuropa zu leben, verschanzten sich die um ihren Wohlstand besorgten Bürger der Europäischen Union in ihrer neuen »Festung Europa«. Statt dem aggressiven Nationalismus am Balkan, der 50 Jahre nach dem Nazi-Holocaust zu einem weiteren Völkermord in Europa führte, mit allen Mitteln gemeinsam entgegenzutreten, verfielen die Staaten der Europäischen Union in alte nationalistische Allianzen und neokoloniale Großmachtallüren und überließen die Friedensbemühungen den US-Amerikanern. Statt die sozial verantwortliche, nachhaltige und ökologische Marktwirtschaft, die Europa traditionell von den USA unterschieden hatte, als Modell für ein neues, gemeinsames Europa zu begreifen, wurde der Neoliberalismus à la Reagan & Thatcher zur Grundphilosophie der Europäischen Union: Deregulierung, Privatisierung, Wettbewerb, »New Public Management«, Vermarktung und Entstaatlichung aller Lebensbereiche, von den Banken und Versicherungen über die gesamte Infrastruktur wie Straßen, Bahn, Post, Gas, Strom, Wasser, Telekommunikation, Schulen oder Krankenhäuser bis hin zur Polizei und den Gefängnissen. Nicht die bestmögliche Versorgung der Bevölkerung mit Infrastruktur und die Befriedigung ihrer Grundbedürfnisse und Menschenrechte wurde zur Maxime, sondern der Profit für einige wenige und die Senkung der Kosten für die Allgemeinheit.

Natürlich sind der »Siegeszug des Kapitalismus über den Kommunismus« und der geradezu naive Glaube an die Selbstregulierungsfähigkeit des Marktes ein globaler Trend, und die EU wird nicht müde zu betonen, dass sie zur Aufrechterhaltung der europäischen Wettbewerbsfähigkeit am Weltmarkt dazu gezwungen sei, diesen neoliberalen Zwängen zu gehorchen. Dabei wird allerdings geflissentlich übersehen, dass die EU als ein gewichtiger globaler Akteur in der WTO, in der Weltbank und im Internationalen Währungsfonds diesen Trend in maßgeblicher Weise mitbestimmt hat. Kurzfristig gesehen profitieren die Menschen in Europa – genauer: die Reichen und Superreichen, die Konzernmanager und Spekulanten – sogar von diesem Wettbewerb, denn die wirklichen Verlierer sind die 4 Milliarden Armen und Hungernden in Afrika, Asien und Lateinamerika, in deren Infrastruktur kaum investiert wird, weil dies nicht hohe Renditen bringen kann. Langfristig werden wir aber alle Verlierer sein in einem System, das auf der unbarmherzigen Ausbeutung und Zerstörung von Menschen, Kulturen und der Natur beruht.

Die gegenwärtige globale Klima-, Nahrungsmittel-, Finanz- und Wirtschaftskrise ist ein düsterer Vorbote dieser fatalen Entwicklung, gleichzeitig aber auch eine vielleicht letzte Chance, aufzuwachen, umzudenken und unsere gemeinsame Welt neu zu gestalten. Warum sollte die Initiative für diesen Paradigmenwechsel nicht von Europa ausgehen? Schließlich haben viele der weltbewegenden Ereignisse – Katastrophen und Konzepte zu ihrer Überwindung und Vermeidung – ihre Wurzeln in Europa. Beide Weltkriege haben in Europa begonnen, aber auch die Idee der Völkerverständigung zur Verhütung eines dritten Weltkriegs. Der Kommunismus, den wir 1990 mit der »Charta für ein Neues Europa« feierlich zu Grabe trugen, hat seine Wurzeln ebenso in Europa wie der Kapitalismus, den es heute zu bändigen und zu überwinden gilt. Auch die Idee der Menschenrechte, das einzige universell anerkannte Wertesystem der Gegenwart, wurde mit der europäischen Aufklärung geboren.

Die möglichst umfassende Verwirklichung aller Menschenrechte für möglichst viele Menschen sollte folglich die oberste Maxime für ein neues Europa und für eine neue Weltordnung darstellen. Diese Idee ist weder neu noch revolutionär, sie wurde in Reaktion auf die schrecklichen Ereignisse des Zweiten Weltkriegs in den Vereinten Nationen und in den eingangs erwähnten europäischen Organisationen konzipiert. In der Zwischenzeit haben sich alle Staaten Europas und fast alle Staaten dieser Welt in völkerrechtlich verbindlicher Weise (z. B. durch die Ratifizierung der beiden UNO-Menschenrechtspakte oder der UNO-Kinderrechtekonvention) zur Achtung, zum Schutz und zur Gewährleistung aller Menschenrechte verpflichtet, also der bürgerlichen und politischen Menschenrechte und Grundfreiheiten ebenso wie der wirtschaftlichen, sozialen und kulturellen Rechte auf Arbeit, Gesundheit, Bildung, Nahrung, Unterkunft, soziale Sicherheit und einen angemessenen Lebensstandard. Auch die EU bekennt sich in Artikel 6 des EU-Vertrags zu diesen Menschenrechten, die in der Europäischen Grundrechte-Charta näher ausformuliert wurden. Es geht also nicht mehr um die Definition und rechtliche Anerkennung von Grund- und Menschenrechten, sondern lediglich um ihre faktische Umsetzung.

Zur faktischen Umsetzung der Menschenrechte bedarf es nicht einer Entstaatlichung, sondern der Schaffung entsprechender staatlicher und zwischenstaatlicher Strukturen. Die EU sollte mit gutem Beispiel vorausgehen, die möglichst umfassende Verwirklichung aller in den beiden UNO-Pakten und in der EU-Grundrechte-Charta normierten Rechte zu ihrem vordringlichen politischen Ziel proklamieren und alle Mitgliedsstaaten verpflichten, nationale Aktionspläne und unabhängige nationale Menschenrechtsinstitutionen und Menschenrechtsgerichte zur innerstaatlichen Umsetzung aller Menschenrechte einzurichten. Auch auf europäischer Ebene müssten entsprechende Aktionspläne, Verordnungen und Richtlinien sowie EU-Organe zur Umsetzung der Menschenrechte geschaffen werden. Neben der Bekämpfung von Rassismus, Fremdenfeindlichkeit und sonstigen Formen der Diskriminierung sollte einem gemeinsamen europäischen Asyl- und Migrationsrecht sowie der Bekämpfung der Armut oberste Priorität eingeräumt werden. Die vier »Grundfreiheiten« der EU (freier Personen-, Waren-, Kapital- und Dienstleistungsverkehr) müssten der Verwirklichung der Grund- und Menschenrechte untergeordnet werden.

Sobald die EU unter Beweis gestellt hat, dass innerhalb ihrer Grenzen die Rechte der Menschen – nicht die Rechte des Kapitals und der Konzerne – oberste Priorität genießen, wird sie auch die moralische und politische Autorität erlangen, in ihren bilateralen und multilateralen Außenbeziehungen wirksam für die Verwirklichung der Menschenrechte einzutreten. Statt Menschenrechtsklauseln als moralische Absicherung in bilaterale und multilaterale Handelsverträge und Entwicklungshilfeübereinkommen mit Drittstaaten aufzunehmen, sollte sich die EU in der UNO, der WTO und in den internationalen Finanzinstitutionen für eine wirksame Politik der Armutsbekämpfung, für einen gerechten Welthandel und für die Schaffung effizienter globaler Institutionen zum Schutz des Weltfriedens, zur Gewährleistung aller Menschenrechte und zur Förderung nachhaltiger und ökologisch verträglicher Entwicklung einsetzen.

16 Durch weniger mehr!

Helga Kromp-Kolb, Wolfgang Kromp

Ein Taxilenker erzählte uns sichtlich zufrieden: »Ich schau mir mit Vergnügen die bunten Werbeprospekte an und freu' mich, dass ich all das *nicht* brauche!« In der Tat, in Zukunft werden wir alle ohne den materiellen Ballast auskommen müssen, von dem uns jetzt eingeredet wird, dass er für unser Glück unentbehrlich sei. Wie der Taxifahrer werden wir aber entdecken, dass wir ohne all die »Dinge« glücklicher sind, weil wir Zeit haben werden, Bildung und Kultur zu genießen, uns der noch verbliebenen Natur zu erfreuen, die Seele baumeln zu lassen und – am wichtigsten – uns unseren Familien, Freunden und Kollegen zu widmen.

Mit Ressourcen hauszuhalten, heißt auch, die eigene Welt schrumpfen zu lassen: Das Lokale und Regionale gewinnt an Bedeutung, nicht alles ist zu jeder Zeit an jedem Ort der Welt erhältlich. Dadurch wird paradoxerweise die Welt auch wieder groß – es gibt wieder regionale und lokale Unterschiede, die es zu erforschen lohnt, es bleibt Raum für Träume von fernen Ländern und für Fantasie. Zugleich entschleunigt sich die Zeit: Der heutige motorisierte Individualverkehr, bei dem stetes »In-Bewegung-Sein« vorgaukelt, man bewältige Wege rasch, weicht weniger hektischen Fuß- und Radwegen. Man kommt schneller an, auch ohne zu hetzen – dies umso deutlicher, je eher die Raumplanung wieder die Bedürfnisse der Menschen in den Vordergrund rückt statt Flächenspekulation und Autokult.

Wer an dem Ort arbeitet, wo er wohnt, kann und wird sich für die lokalen Interessen, für die kommunale Politik interessieren und sich darin engagieren. Das soziale, wirtschaftliche und finanzielle Gefüge wird einfacher und überschaubarer. Soziale Netze werden auf Nachbarschaftsebene geknüpft, statt kommerziellen Unternehmen überlassen zu bleiben. Der Mensch als Kleingruppenwesen kann seine gemeinschaftsbildenden Instinkte wieder entfalten. Man kennt »die Politiker« persönlich, ist nicht mehr gezwungen, zwischen Menschen mit glatter Fassade, von den gleichen Spindoktoren in der Kunst der Manipulation geschult, zu wählen. Direkte und repräsentative Demokratie werden neu aufleben, denn von Menschen, die man kennt, die Ideen und Kritik aufnehmen und auch Rückmeldungen geben, lässt man sich gerne auch in überregionalen Gremien vertreten.

Ein romantisierendes Zurück in die Zeiten der Urgroßeltern? Nein, von den kulturellen, sozialen und technischen Entwicklungen wird beibehalten, was sich bewährt hat oder unter den geänderten Bedingungen bewähren kann. Die Energie, die den ressourcenschonenden Lebensstil speist, wird erneuerbare Energie bei Nutzung höchster Effizienz sein müssen. Moderne Telekommunikationsmittel werden Wege ersetzen, Menschen vernetzen, Bildung und Kultur vermitteln.

Wir müssen uns aber auch eingestehen, dass der derzeitige bedenkliche Zustand unseres noch blauen Planeten ganz wesentlich das Ergebnis unseres europäischen Denkens und Handelns ist. Insbesondere müssen wir einsehen, dass wir Europäer es waren, die viele Jahrhunderte lang junge Krieger in einer Anzahl hervorbrachten, mit der keine andere Kultur konkurrieren konnte. Unsere Art zu denken und zu handeln war es letztlich, die nicht nur innerhalb Europas für andauerndes Blutvergießen sorgte. Auch die globale Expansion europäischer »Zivilisation« – flächendeckende Zerstörung eigenständiger Kulturen der eroberten Länder, massive Ausbeutung ihrer Bevölkerungen und insbesondere ihrer Naturressourcen – geht auf unser Schuldenkonto. Wir haben also vieles gutzumachen!

Aber warum sollten sich die Menschen von ihren bisherigen Zielen – Profitmaximierung, Wirtschaftswachstum, Konsumsteigerung etc. abwenden? Weil das derzeitige System an Grenzen stößt, ganz gleich von welcher Seite man es betrachtet: Die Verbrennung fossiler Brennstoffe hat die Zusammensetzung der Atmosphäre in einem Maße verändert, dass der Klimawandel schon jetzt weltweit spürbar ist und künftig katastrophale Folgen schon nahezu unausweichlich sind. Die Energie, die die Menschheit aus den fossilen Speichern extrahiert, womit sie auf verschiedene Weise in das Ökosystem eingreift, erreicht bereits etwa 30 Prozent des natürlichen Energieumsatzes des globalen Ökosystems. Wenn auch die genaue Toleranzgrenze des Systems Ökosphäre nicht bekannt ist, kann doch daraus geschlossen werden, dass wir diese Grenze möglicherweise bereits überschritten haben. Stellvertretend für viele andere Bereiche zeigt der globale ökologische Fußabdruck, dass unser derzeitiges ressourcenintensives System nicht aufrechtzuerhalten ist. Die Menschheit bräuchte zur nachhaltigen Befriedigung der derzeitigen Lebensstile bereits mehr als eine Erde. Und schließlich hat der Club of Rome schon 1972 eindringlich darauf hingewiesen, dass in einem begrenzten System exponentielles Wachstum zunächst zum Überschießen und dann zum Kollaps des Systems führt.

Die Umweltbelastung dieser Welt ergibt sich aus der Zahl der Menschen, dem Lebensstil, den sie pflegen, und den Ressourcen, die zur Befriedigung dieses Lebensstils erforderlich sind. Will man die Belastung vermindern, müssen alle Komponenten angesprochen werden, auch das weltweite Bevölkerungswachstum. Es muss zunächst eingedämmt werden, dann muss man aber auch diskutieren, wie groß die Weltbevölkerung sein soll: Je mehr Menschen, desto weniger Ressourcen stehen jeder und jedem Einzelnen in einer nachhaltigen Welt zur Verfügung. Nicht Gewalt und Zwang, sondern Bildung und Einsicht müssen das Erreichen dieser Ziele ermöglichen.

Setzt man westliche humanistische Ideale, etwa die Chancengleichheit für alle Menschen, voraus, so folgt daraus unweigerlich, dass die Entwicklung der Dritten Welt und der damit verbundene gesteigerte Ressourcenverbrauch selbst bei gleichbleibender Weltbevölkerung nur aus der Zurücknahme des Verbrauches in der industrialisierten Welt gespeist werden kann.

Welche Visionen verbinden wir daher mit einer künftigen erneuerten EU?

Unsere Vision ist eine EU, die eine Paradigmenumkehr verfolgt, vom maßlosen Wachstum zum maßvollen Gesundschrumpfen – nicht nur der Wirtschaft, sondern auch ihrer eigenen Bevölkerungszahlen und -dichten. Eine EU, die mit gutem Beispiel vorangeht und die notwendige Selbstbeschränkung zur Maxime erhebt. Eine EU, die versteht, dass sie sich weniger um technische Lösungen als um mentalen Wandel bemühen muss, dass ökologische Grenzen, soziale und demokratische Anrechte Vorrang haben müssen vor Wirtschaftsfreiheiten. Eine EU, in der die zunehmende Überalterung der Bevölkerung ihren Schrecken verliert, weil nicht mehr »Konsum«, »Konkurrenz« und »Profit« die alles beherrschenden Vorgaben sind, sondern »Genügsamkeit«, »Kooperation« und »Teilen« im Vordergrund stehen.

Unsere Vision ist daher eine EU, die statt einer Verteidigungsagentur eine Friedensagentur aufbaut. Eine EU, die statt Zäune zu errichten, durch ihr Verhalten dazu beiträgt, dass die Menschen in ihrer Heimat genug sauberes Wasser, Nahrung und Arbeit für ein menschenwürdiges Auskommen finden und daher nicht nach Europa drängen müssen. Wie Jean Ziegler feststellte, wäre ja schon viel getan, wenn wir diesen Menschen weniger stehlen würden.

Die EU hat eine wache, initiative, aber auch besorgte Jugend und sie hat eine zunehmende Zahl auch älterer Menschen mit Einsicht in die Notwendigkeit eines Wandels. Kraft und Zuversicht der Jugend kombiniert mit Besonnenheit und Weisheit des Alters könnten jene Mischung sein, die Europa zum Vorbild gestaltet und den Ausweg aus der Sackgasse weist.

17 Träumen dürfen: Ein sozialromantischer Entwurf

Gabriele Sorgo

Mit dem fiktionalen Entwurf der Abtei von Thélème (von griech. Θέλημα) formulierte der Renaissanceschriftsteller François Rabelais (1494–1553) seine ideale Vorstellung davon, wie gebildete Menschen in Glück und Wohlstand friedlich zusammenleben könnten.

Der Geistliche und Arzt, der sich weder für Katholiken noch für Lutheraner entscheiden wollte, entwickelte diesen Traum zu einer Zeit, als Europa ökonomisch, sozial und kulturell im Umbruch war. Das Bürgertum begann sich gegen den Adel zu behaupten, neue religiöse Ideen führten quer durch alle Bevölkerungsschichten zu gewalttätigen Auseinandersetzungen und leiteten die Entstehung der Nationalstaaten ein. Die Neue Welt war schon entdeckt und ganze Flotten über die Meere geschickt, um die Grundlagen für einen äußerst grausamen Kolonialismus zu legen, dessen negative Folgen bis heute die Weltpolitik dominieren. Rabelais' Epoche war gewiss nicht leichter als die unsere, aus heutiger Sicht könnte man sagen, dass es für die einfachen Menschen nicht viel zu hoffen gab. Hungersnöte und Religionskriege standen bevor, die Syphilis begann eine Spur der Verwüstung durch die Bevölkerung zu ziehen und den christlichen Argwohn gegen körperliche Freuden zu vertiefen.

Unsicheren Zeiten regen stets zum Träumen darüber an, wie es besser werden könnte. Denn das, was fehlt, fordert immer die Fantasie heraus. Sie allein kann helfen, vorerst die Lücken zu füllen, um den Mangel erträglich zu machen und eventuell eine Brücke in eine bessere Zukunft zu schlagen. Das ist die Gabe der Menschen. Sie kann uns entweder endlose Labyrinthe im Cyberspace bescheren und uns aus der unbefriedigenden Realität entführen oder manchmal auch zu Plänen und Taten motivieren, Mut entfachen und vor Resignation retten. Anlässlich der internationalen Finanzkrise behaupten selbst ernannte Zensoren heute, dass solche Krisen eben zur Realität gehören und alle, die verlangen, sie in Zukunft zu vermeiden, wären nicht nur unverbesserliche Sozialromantiker, sondern womöglich sogar Terroristen. Doch wer zulässt, dass selbst das Träumen von Herren in grauen Anzügen verboten wird, dem bliebe statt der Gabe nur noch die Selbstaufgabe.

Ich fantasiere die EU daher wie Rabelais die Abtei Thélème. Ihr Name bedeutet nichts anderes als »Tu, was du willst.« Die Exegeten verstehen unter »thelema« den Willen Gottes, manche okkulten Vereinigungen hingegen jenen des Teufels. Wie auch immer, Gott und Teufel, Paradies und Hölle sind der Vorstellungskraft der Menschen entsprungen. Auch der Wille kann nur umsetzen, was zuerst imaginiert wurde. Daher muss man das Richtige wollen und sich Ziele setzen. So gesehen könnte das, was Rabelais mit Thélème umschrieb, heute auch als Mündigkeit verstanden werden, als die Fähigkeit, seinen Willen zu entwickeln und handelnd umzusetzen.

Rabelais beschrieb seinen idealen Ort als lieblich, ohne Zwang und Feindschaft. Die Insassen des Klosters leben in Frieden und pflegen weder besondere Enthaltsamkeit, noch wollen sie missionieren. Sie repräsentieren eine ideale Gemeinschaft, wie sie seit Jahrtausenden vorgestellt wird: menschlich, irdisch, nächstenliebend, der Kunst ebenso zugetan wie dem Handwerk und der Spiritualität. Es ist einer Gemeinschaft reifer, gebildeter Menschen. Die Thelemiten pflegen gut zu essen, sich auszutauschen und wertzuschätzen. Sie sind glückliche Sterbliche, die die Geschenke der Erde zu schätzen wissen, sie unter sich zufriedenstellend verteilen können und ihren Genuss kulturell verfeinern. Rabelais' Entwurf ist bis heute gültig und nachvollziehbar. Weiterhin kommt Zufriedenheit wohl nur über die Stillung der drei grundlegenden menschlichen

Bedürfnisse zustande. Die Menschen brauchen ausreichende Versorgung mit Essen, Sex und Freundschaften.[1] Der Glücksforscher Mihaly Csikszentmihalyi fügt noch Herausforderung und Kreativität hinzu.[2] Es handelt sich also um drei Faktoren, die das menschliche Glück ausmachen: ein materieller, ein sozialer und ein spiritueller. Wobei »spirituell« hier den freien Selbstentwurf im Rahmen einer Weltdeutung meint, die die eigenen Aktivitäten als sinnvoll erfahren lässt. Rabelais' *Abtei von Thélème* bezieht sich auf diese drei Bedürfnisse. Sind sie erfüllt, dann leben die Menschen in einem paradiesähnlichen Zustand. Auch Krankheit, Alter und Tod können in einer zufriedenstellenden, gerechten Gemeinschaft sinnvoll ins Leben integriert werden. Von Ausgeschlossenen, die ohne Anerkennung, Sicherheit und grundlegenden Rechten auf Hilfe in der Wildnis zurechtkommen müssen oder von einer Hölle, in der die Sünder am Spieß schmoren, hat Rabelais nicht geträumt. Ich träume auch nicht davon. Und auch im Programm der Europäischen Union findet sich nichts über die Einrichtung von Gated Communities für ein paar Privilegierte oder Hochsicherheitstrakte für die weniger Privilegierten. Pläne, die Anerkennung finden sollen, formulieren meistens positive Utopien. Daraus schließe ich, dass der Großteil der Menschen weniger an Wettbewerb und Sieg über Feinde oder Konkurrenten interessiert ist, sondern an der sozialromantischen Vorstellung, dass Glück herstellbar ist, und zwar nicht auf Kosten der anderen, sondern im Einverständnis mit ihnen.

Selbstverständlich bedarf es für die Wohlfahrt der Menschen auch materieller Grundlagen. Gutes Leben braucht jedoch mehr als das. Ohne Anerkennung und Sinn können Menschen nicht zufrieden sein. Die sozialen und kulturellen Bedürfnisse dürfen den wirtschaftlichen nicht nachgereiht werden. Als ich für den Beitritt zur EU gestimmt habe, war ich der Meinung, dass ein Europa ohne Grenzen einen ökologisch, sozial und kulturell ausgewogenen Lebensraum herbeiführen könnte. Ich habe gehofft und hoffe noch, dass die Wertschätzung der Vielfalt zuerst in einem geeinten Europa gelernt werden kann, um dann global ansteckend zu wirken.

Das Motto »Tu, was du willst« setzt Reife und Bildung voraus. So viel Geld wie möglich verdienen zu wollen, ist dumm, wenn man in Wahrheit Liebe und Anerkennung sucht, die nicht käuflich sind. Das Fundament, auf dem die EU steht, ist meines Erachtens die breite Bildung aller ihrer BürgerInnen. Nur mit Bildung kann eine leider bevorstehende Rezession ertragen und friedlich bewältigt werden, ohne die Gesellschaft in sich bekämpfende Gruppen von Arm und Reich aufzuspalten. Die EU kann ihr positives Programm der Wohlfahrt für alle nur verwirklichen, wenn sie die Fähigkeit ihrer BürgerInnen, das Wesentliche des guten Lebens zu begreifen und dafür aktiv zu werden, unterstützt. Wissensmanagement reicht hier nicht aus. Auch teure Zertifikate für soziale Kompetenz sind zu wenig, solange breite Schichten der Jugendlichen nur Zugang zu Kriegssimulationsspielen und James-Bond-Filmen mit Product-Placement erhalten. Eine EU, die nur aus KonsumentInnen besteht, wird es nicht geben. Denn Neid und Wettbewerb wirken nicht als sozialer Kitt. Statt zum passiven Konsumieren anzuregen, sollte eine Politik, die langfristig ausgelegt ist, bildungspolitische Ziele verfolgen, die allen Kindern, Jugendlichen und Erwachsenen kostenlos Schulen zur Verfügung stellt, in denen sie Kritikfähigkeit und sowohl abstraktes als auch praktisches Wissen lernen.

Gesundheit, Nahrung, Wohnen, Bildung und Benützung der Medien müssen allen EU-BürgerInnen gleichermaßen zur Verfügung stehen. Die hierfür vorhandenen Ressourcen müssen gerecht an alle verteilt werden.

Bildung befähigt in erster Linie dazu, sich wertvoll zu fühlen, sozial kompetent zu werden und aktiv am politischen Leben teilzunehmen, das heißt auch mitgestalten zu *wollen*. Selbstbewusste Menschen, die darauf vertrauen gelernt haben, dass sie im Leben zurechtkommen und respektiert werden, zünden keine Autos an und stehlen nicht. Destruktiv werden

Menschen nur, wenn sie Mangel leiden, aber nicht wissen, was sie wollen. Daher träume ich von einer EU, die die Medien ethischen Prinzipien unterwirft und umweltschädigenden Konsum sowie jene Werbung untersagt, die soziale Diskriminierung, Neid und Gier fördert.

Die Menschen müssen sich selbst in den Strukturen erkennen können und erkannt werden. Deswegen sollten die Bildungswege Praktiken in der Feldarbeit, im Fürsorgebereich, im Umgang mit Tieren sowie im ehrenamtlichen Bereich mit einschließen.

Nur wer weiß, was er oder sie will, kann Ziele festsetzen, die richtigen und ethisch vertretbaren Maßnahmen ergreifen und sein eigenes Maß erkennen. Daher sollte die EU, so wie ich sie träume, nicht auf materielles Wachstum ausgerichtet sein, sondern die Förderung menschlicher Reife und wachsende Lebensqualität als dringendste Ziele anstreben.

1 Binswanger, Mathias: Die Tretmühlen des Glücks. Wir haben immer mehr und werden nicht glücklicher. Was können wir tun? Freiburg im Breisgau 2006, S. 40. Sexualität erzeugt sowohl körperliche als auch soziale und in manchen Kulturen auch spirituelle Zufriedenheit.

2 Csikszentmihalyi, Mihaly: Flow im Beruf. Stuttgart 2004

18 Bausteine für eine neue Europäische Union

Gerhard Jagschitz

Zunächst voraus: Das »Projekt« einer europäischen Einigung ist zweifellos ein kühner Wurf und entspricht zu einem Großteil den Wünschen und Vorstellungen einer Mehrheit der europäischen Bevölkerung. Doch konkrete Defekte und Konstruktionsfehler führten zu falschen Entwicklungen, die eine breite Akzeptanz der EU verhindern. Die Krise beruht auf der in der Öffentlichkeit verdrängten Tatsache, dass die EU ein mangelhaftes Fragment geblieben ist, dass ein großer, nie geklärter Widerspruch zwischen Eurokratie, oligarchischer Führung, nationalen und Bürgerinteressen besteht und dass der Zentralismus als Herrschaftsinstrument zur obrigkeitlichen Disziplinierung der Mitglieder eingesetzt wird.

Die gegenwärtige Situation in der Europäischen Union ist ziemlich verfahren. Die Verteidiger des bisherigen Kurses mauern und hüllen ihre Ratlosigkeit in Propagandanebel, Jubelmeldungen und Durchhalteparolen, die Bürgerinnen und Bürger antworten mit Euroskepsis, innerer Emigration und gelegentlicher Widerborstigkeit. Einen Ausweg kann es nur geben, wenn das »Establishment« seine Verantwortung für den kritischen Zustand eingesteht und sich mit Kritikern in einer breiten europäischen Diskussion auseinandersetzt, um etwas Neues zu schaffen.

Historiker wissen, dass eine Zukunft auf dem Fundament des historisch Gewachsenen aufbauen muss. Die Überheblichkeit der europäischen Baumeister hat aber dazu geführt, dass die EU – trotz aller Berufung auf Traditionen – im eigentlichen geschichtslos ist. Geschichte als dynamischer Prozess ermöglicht eine Übereinstimmung zwischen sozialem Selbstwertgefühl, individueller und kollektiver Identität und Modernisierung. Lokale, regionale und nationale Identitäten zu bewahren und sie in eine europäische Solidarität einzubringen, erfordert die Einbindung der Idee einer europäischen Integration in historisches Denken. Nur dies bewirkt jenen notwendigen Respekt vor dem Anderen, der die Basis europäischer Zusammenarbeit sein muss. Dazu bedarf es einer generellen Neufassung der ideellen und strukturellen Grundlagen, es sind Richtungs- und Inhaltsänderungen sowie neue Prinzipien als Basis notwendig:

Staatenbund

Die EU ist als Staatenbund (Konföderation) selbstständiger Nationalstaaten einzurichten. Die freiwillige Partnerschaft ist Grundlage des Ausgleichs zwischen nationalen Interessen und der Mitwirkung an europäischen Gemeinsamkeiten. Nationalstaat steht daher nicht im Widerspruch zur europäischen Idee, sondern stellt ein wichtiges, belebendes und tragendes Bauelement dar. Ein künstlicher europäischer Super-Nationalismus ist kein Fundament.

Föderalisierung

Die EU ist nach dem Prinzip der Dezentralisierung zu organisieren. Auf der Basis des Respekts vor nationalen, regionalen und lokalen Souveränitäten sind weitgehende Kompetenzen an die Mitgliedsländer zu übertragen. Die – derzeit eher von Zufälligkeiten bestimmten – Kompetenzen der Nationalstaaten und die Gemeinschaftsinteressen sind in einem Rahmenvertrag festzulegen. Dieses ausgewogene Interessensystem muss von allen Staaten und den Bürgern und Bürgerinnen gemeinsam erarbeitet werden.

Subsidiarität

Die Europäische Union ist grundsätzlich von unten nach oben zu bauen.

Dieses Europa der Bürgerinnen und Bürger stellt eine fundamentale Alternative zum gegenwärtigen Zustand dar, in dem Subsidiarität von den Mächtigen gewährt und kontrolliert wird. Region und lokale Einheiten bilden Orte der Überschaubarkeit und sind Träger der Selbstbestimmung, der Bürgergesellschaft, des sozialen Netzwerks, der Sicherung von Grundbedürfnissen und der Vielfalt durch unterschiedliche Lebensgestaltungen und Mentalitäten. Kleinere Einheiten müssen autonome Rechte, Pflichten und Entscheidungsmacht haben, nur übergeordnete Angelegenheiten sind an die nächsthöhere Ebene zu übertragen. Somit sind die Gemeinschaftsangelegenheiten auf wesentliche allgemeine Politikfelder zu reduzieren. Dies würde die gegenwärtig lähmende Resignation gegenüber politischen Gestaltungsmöglichkeiten in Europa abwenden und auch stufenweise aufeinander aufbauende Identitäten vom Lebensort bis zur europäischen Gemeinsamkeit möglich machen.

Grundkonsens

Ordnungsprinzipien müssen als ganzheitlich unter Berücksichtigung eines ökonomischen, politischen, sozialen und kulturellen Gleichgewichts verstanden werden. Auf der Basis eines verpflichtenden Grundsatzkatalogs (Demokratie, öffentliche Kontrolle, Transparenz der politischen Entscheidungen, Rechtsstaatlichkeit, Pressefreiheit, Menschenrechte, sozialer Ausgleich, Grundfreiheiten, Nachhaltigkeit, Wertekanon) können die Staaten und die Unionsmitglieder entscheiden, ob der Beitritt eines Landes möglich ist. Darüber hinaus sollen fakultative Grundsätze und Einrichtungen geschaffen werden, denen die Staaten nach ihren differenzierten Bedürfnissen beitreten können, aber nicht müssen. Dies bedeutet ein Europa der vielen Geschwindigkeiten, das als positives Prinzip und nicht als Vorwand für Denunziationen verstanden werden muss. Pluralismus und Interessenausgleich stellen einen wesentlichen Bestandteil der politischen Kultur dar.

Vielfalt

Das europäische Modell der kooperierenden ökonomischen, politischen, sozialen und kulturellen Differenzierung stellt eine wesentliche Stärke dar. Die bestehende Tendenz zur zentralistisch verordneten Vereinheitlichung muss durch die Förderung der Vielfalt abgelöst werden, Regulierungen sind auf ein Minimum zu beschränken. Autonome Unterschiedlichkeit bietet die Möglichkeit für ein kreatives und bewegliches politisches und wirtschaftliches Verhalten. Nur dadurch können jene Innovationen entstehen, die eine globale Konkurrenz ermöglichen. Europäische Vielfalt und Eigenständigkeit sind auch eine Alternative zu den meist ökonomisch begründeten Amerikanismen, die eine Unterordnung statt einer Partnerschaft zwischen den USA und Europa begründen.

Wirtschaft als Dienst am Menschen

Das neoliberale Postulat des sich selbst regulierenden freien Markts ist ein Irrtum. Wachstum allein begründet weder Fortschritt noch allgemeine Lebensqualität noch gesicherten Wohlstand der Gesellschaft. Wirtschaften heißt auch gerecht verteilen, gegenwärtig machen die Gewinne Einzelne, die damit verbundenen hohen sozialen Kosten muss die Allgemeinheit tragen. Durch das gegenwärtige ökonomische Diktat werden Demokratie, Grundrechte, Freiheiten, sozialer Ausgleich, kritisches Bewusstsein und nichtmaterielle Werte gefährdet. Überwiegend wirtschaftliche Argumente allein sind ungeeignet, einem komplexen, differenzierten System Stabilität zu verleihen und die Entwicklung der EU voranzutreiben. Es bedarf der Wiedereinführung des scheinbar altmodischen, tatsächlich jedoch höchst aktuellen Begriffs des Gemeinwohls als Prinzip von Wirtschafts- und Sozialpolitik.

Demokratisierung

Die EU bedarf als politische Grundlage der beiden einander ergänzenden Prinzipien von repräsentativer und direkter

Demokratie. Die Vorrangstellung des Parlaments mit ausgebauten traditionellen Rechten ermöglicht die Kontrolle der Kommission und die uneingeschränkte Gewaltentrennung. Die Interessen der Mitgliedsländer sind durch einen Länderrat als Zweiter Kammer sicherzustellen. Eine direkte Demokratie mit Volksbegehren und verpflichtenden Volksabstimmungen bei bestimmten Materien muss die Mitbestimmung der Bevölkerung sicherstellen.

Transparenz

Die EU muss sich am eigentlich Politischen orientieren. Dies muss eine öffentliche Diskussion wesentlicher politischer Ziele, Inhalte und Entscheidungen umfassen statt der Debatte über Zeichen und Hüllen oder den ungeheuren Aufwand an PR zur Selbstverherrlichung und Desinformation. Zur Sicherung der Meinungsvielfalt und zur Vermeidung undurchsichtiger politischer Vorgänge bedarf es umfassender Transparenz aller Entscheidungsprozesse und Dokumente, einer uneingeschränkten Pressefreiheit und der Kontrolle des Lobbyismus.

Eine an diesen Prinzipien orientierte EU wird das Problem der Distanzierung ihrer Bevölkerung nicht haben.

19 2050: Ein Afrikaner reist durch Europa[1]

Max Haller

Im Roman »Zeit der Nordwanderung« beschrieb der sudanesische Schriftsteller Tajjib Salich[2] die Erfahrungen des jungen Mannes T., der zum Studium nach Europa kam, dort die fremde Welt und die große Kluft zwischen diesem Kontinent und seiner eigenen Gesellschaft kennenlernte. Er kehrte dann aber doch wieder nach Afrika zurück – im Gegensatz zu vielen seiner Zeitgenossen heute, die ein oft armseliges Leben in Europa einer Rückkehr in eine noch bedrückendere, chaotische Heimat vorziehen. Im Folgenden stelle ich dar, wie er eine Reise dieses Mannes durch Europa ein halbes Jahrhundert später darstellen könnte.

Im Jahre 2050 beschloss T. nochmals nach und durch Europa zu reisen – den Erdteil, in welchem er seine Studien absolviert und viele Jahre gearbeitet hatte. Mit einem Freund aus Studienzeiten, Roger K. aus London, vereinbarte er, dass sie sich gemeinsam in Tunis an der nordafrikanischen Mittelmeerküste treffen, von dort zu Schiff nach Italien übersetzen und dann mit Flugzeug und Bahn nach Norden reisen wollten. Die gleiche Strecke war er schon vor 40 Jahren einmal gefahren. Schon auf der Überfahrt, entlang der Inseln Lampedusa und Pantelleria, fiel ihm auf, dass die früher hier schon vom Schiff aus sichtbaren Lager, Militär- und Polizeieinheiten verschwunden waren, die seinerzeit die Bootsflüchtlinge aus dem Süden »empfangen« hatten. Stattdessen schienen in den kleinen Häfen fröhliche Menschen zu lärmen, Einheimische und Ausländer durcheinander, und alle sich völlig frei zu bewegen. In Hafen von Agrigento, wo sie an Land gingen, zeigte sich, dass ein reger Personen-Schiffsverkehr zwischen Sizilien und Nordafrika bestand.

T. interessierte vor allem das Landesinnere Siziliens, von dem er wusste, dass der Staat Italien und die EU riesige Summen Geldes durch ihre Agrar- und Regional-Fördertöpfe hineingepumpt hatten, um die scheinbar unüberwindbare Unterentwicklung und Arbeitslosigkeit zu bekämpfen. Hier überraschte ihn, dass die seinerzeit überall sichtbaren Bauruinen verschwunden waren und einer Vielzahl von kleinen, gefälligen gewerblichen Bauten Platz gemacht hatten. Auch die Täler und Hochebenen der Insel, die ehedem durch weite Plantagen von Olivenbäumen und Weinbergen einen eher recht eintönigen Anblick geboten hatten, bildeten nun eine abwechslungsreiche, offensichtlich liebevoll gepflegte und fruchtbare Agrarlandschaft. Sein Begleiter berichtete ihm, dass die EU seinerzeit – nach massiven Demonstrationen in ganz Europa – ihre Agrar- und Regionalförderungen vollkommen eingestellt hatte. Sie waren ersetzt worden durch einen direkten Finanzausgleich zwischen reichen und armen Regionen der EU, in welchem Steuersätze und Abgaben für Unternehmer und öffentliche Behörden in den zurückgebliebenen Regionen massiv reduziert worden waren. Damit wurde ein direkter Anreiz gegeben zu gewinnträchtigen Investitionen für lokale, überlokale und internationale Unternehmen und für effizientes und wirtschaftliches Handeln öffentlicher Körperschaften. Die beiden jahrhundertealten Krebsübel Siziliens – massive Fehlinvestitionen in großindustrielle und Infrastruktur-Anlagen, weit verbreitete Korruption – waren dadurch stark zurückgegangen. Die Regierung in Rom konnte die Zehntausenden Polizisten, die lange gegen die Mafia gekämpft hatten, von der Insel abziehen.

Staunend nahm T. dies alles zur Kenntnis, und er bat seinen Freund, gleich nach Oberitalien weiterzufliegen; dort wollte er die älteste Universitätsstadt Europas, Bologna, besuchen, in welcher er ein schönes Gastsemester absolviert hatte. Auch diese Stadt war kaum wiederzuerkennen. Einst fast ausschließlich von italienischen Studenten bevölkert, quoll sie nun über von Studierenden aus aller Herren Länder. Besonders stachen hierbei Studenten aus Schwarzafrika hervor. Vor allem die überaus attraktiven schwarzen Studentinnen, die sich anscheinend mühelos italienische Eleganz in Make-up, Kleidung und Auftreten zu Eigen gemacht hatten, taten es T. an – ja, machten ihn sogar etwas stolz. Verwundert bat er seinen Freund um eine Erklärung. Sehr einfach, sagte dieser: Im Jahre 2015 hatte die EU einen umfassenden Plan zur gemeinsamen Entwicklung der Humanressourcen von Europa und Afrika verabschiedet. Ein wesentlicher Teil davon war, die Hochschulen für Studierende aus Afrika zu öffnen. Seither gingen alle großen Universitäten Europas dazu über, einen großen Anteil – selten weniger als 20 Prozent – ihrer Studienplätze für Studierende aus Afrika zu reservieren. Um deren Niveau jenem der Einheimischen anzugleichen, etablierten sie gleichzeitig in vielen afrikanischen Städten Höhere Schulen und andere qualifizierte Ausbildungsstätten. Diese Einrichtungen wurden von afrikanischen Studenten geradezu gestürmt, sodass sehr bald strenge Aufnahmeprüfungen durchgeführt werden mussten. Die Folge war jedoch, dass die so Ausgewählten eine junge, intellektuelle Elite bildeten, die ihren KommilitonInnen aus europäischen Ländern später oft sogar überlegen waren. Eine Reihe von Abkommen zwischen den EU-Ländern und afrikanischen Staaten stellte sicher, dass der größte Teil der Absolventen wieder zurück nach Afrika ging, und dies nicht nur gezwungenermaßen, sondern auch aus freien Stücken heraus, da sie in ihren Herkunftsländern sehr gesucht waren und ihnen attraktive Karrieren und verantwortungsvolle Positionen offenstanden. Durch eine enge, partnerschaftliche wirtschaftliche Kooperation hatte Europa entscheidend dazu beigetragen, dass Afrika auf einen dynamischen wirtschaftlichen Entwicklungspfad einschwenken konnte; sportlich war es bereits seit Jahren zu einer Weltmacht aufgestiegen (etwa durch den Gewinn der Fußball-Weltmeisterschaft durch Nigeria im Jahre 2026). Nicht wenige der afrikanischen Hochschulabsolventen fanden Stellen in europäischen Spitzenforschungseinrichtungen, wo sie mit ihren Kollegen aus allen anderen Ländern der Welt dazu beitrugen, dass die EU auf dem besten Weg dahin war, den USA den Rang der ersten Wissenschafts-»Nation« der Erde abzulaufen.

Nun planten die Freunde, mit der Bahn weiter in die österreichische Hauptstadt Wien zu fahren. Diese Stadt interessierte T. nicht nur wegen ihrer großen Vergangenheit und Sehenswürdigkeiten, sondern auch deshalb, weil sie noch vor wenigen Jahrzehnten ein Beispiel für die Vergreisung vieler europäischer Großstädte dargestellt hatte. Eine kurzzeitig starke Einwanderung am Ende des 20. Jahrhunderts hatte noch für einen Geburten- und Bevölkerungszuwachs gesorgt. Dieser war aber bald wieder zum Erliegen gekommen, nachdem rechtskonservative Parteien praktisch einen Einwanderungsstopp verfügt und die Einwanderer selbst ihr Fertilitätsverhalten jenem der Alteingesessenen angepasst, d. h. weniger Kinder bekommen hatten. In der Folge waren nicht nur zahlreiche Schulen, sondern selbst Abteilungen für Geburtshilfe und Gynäkologie geschlossen worden.[3] Auch hier erlebte T. eine Überraschung. Die Stadt zeigte sich lebhaft und jugendlich, wie er es nicht erwartet hatte. Nicht alte, sondern junge Menschen und Kinder dominierten Straßen, U-Bahnen und öffentliche Plätze. Wie konnte das sein? Der Grund war, wie ihm sein Freund erzählte, nicht nur eine Öffnung der Stadt für Zuwanderer aus aller Welt, sondern auch ein Anstieg von Heirats- und Geburtenraten. Er war zurückzuführen auf völlig veränderte Einstellungen von Männern und Frauen, Arbeitgebern und Arbeitnehmern, Gewerkschaften und politischen Institutionen zu den Fragen von Partnerschaft und Familie, Erwerbstätigkeit und Beruf. Ehe und Familie wurden von Männern und Frauen nicht mehr als Kampfplätze um Geltung und Macht gesehen; Erwerbsarbeit und berufliche Positionen nicht mehr als Besitzstände, die man mit Zähnen und Klauen verteidigen musste; zurückzuführen war dies auf eine viel höhere Flexibilität des Zugangs zu und Wechsels zwischen Erwerbstätigkeit und Arbeitsplätzen; die Betreuung und Erziehung von Kindern wurde von Frauen und Männern nicht mehr als Hindernis für berufliche Karrieren und Freizeitgestaltung, sondern als Chance gesehen, seinem eigenen Leben über Geld und Erwerb hinaus Sinn zu verleihen und sich auch noch im Alter ein sozial reiches und erfülltes Leben zu sichern. Dazu trug ein vielfältiges Angebot an Unterstützung für Eltern bei der Versorgung der Kinder bei, das den Eltern unterschiedliche Möglichkeiten zur Gestaltung des Verhältnisses von Beruf, Familie und Freizeit bot. Bei einem Abend in Grinzing stellten die Freunde fest, dass sogar der melancholisch-düstere Ton der Wiener Heurigenlieder einen fröhlicheren und optimistischeren Zug erhalten hatte.

In Wien entschieden die Freunde, mit dem Flugzeug nach Warschau weiterzureisen. Diese Stadt interessierte T. deshalb, weil er wusste, dass sich die neuen osteuropäischen Mitgliedsländer der EU im Zuge des Systembruches und der radikalen Einführung marktwirtschaftlicher Prinzipien enorme Probleme der De-Industrialisierung, weitverbreiteter Armut und politischer Instabilität eingehandelt hatten. Er wusste, dass zwar die Altstadt von Warschau – Königsschloss und Marktplatz – schon bald nach der Wende restauriert worden war; bei seinem früheren Besuch hatte er aber nicht weit davon bröckelnde Hausfassaden, löchrige Straßen und zerlumpte alte Menschen bemerkt, die davon zeugten, dass die Armut des Staatssozialismus noch bei Weitem nicht überwunden war, dazu noch Obdachlosigkeit, Kriminalität und andere zweifelhafte »Segnungen« westlicher Gesellschaften um sich gegriffen hatten. Die Freunde verschwendeten daher nicht viel Zeit mit der Besichtigung von Sehenswürdigkeiten, sondern wanderten sogleich zu Fuß in einen Vorort der Stadt. Auch hier bekam T. große Augen: Wo sich einst riesige graue Wohnblöcke und großindustrielle Firmenbaracken ausgebreitet hatten, fanden sie nun schmucke Wohnviertel vor, unterbrochen durch Gewerbegebiete, in denen sich offensichtlich zahlreiche kleine und mittlere Unternehmen niedergelassen hatten. Investoren aus ganz Europa, vor allem aber polnische Unternehmer, hatten einen neuen, dynamischen Stadtteil aufgebaut. Auch hier hatten die neuen Leitlinien der Industriepolitik der EU ihren Beitrag geleistet, die sich seit zwei Jahrzehnten nicht mehr auf die Förderung von großen, multinationalen Konzernen konzentrierte, sondern auf die Förderung von kleinen und mittleren Unternehmern und es diesen ermöglichte, auch in osteuropäischen Ländern profitable Betriebe aufzubauen. Die dadurch in ganzen Land entstehenden neuen Arbeitsmöglichkeiten hatten Polen erstmals seit Jahrhunderten von einem Aus- zu einem Einwanderungsland gemacht; mehr als eine Million ausländischer Arbeitnehmer, vor allem aus Weißrussland und der Ukraine, partizipierten so am polnischen Wirtschaftswunder.

T. war verblüfft. Eine große Skepsis hegte er aber noch im Hinblick auf die Entwicklung der Europäischen Union selber. Bei seinem früheren Aufenthalt in Europa hatte er auch Brüssel besucht. Damals war er stark beeindruckt, aber auch etwas erschrocken, als er die riesigen Bürogebäude sah, welche die zahllosen Behörden, wirtschaftlichen und politischen Lobbys und Interessenvertretungen aus aller Welt in dieser neuen »Hauptstadt« aufgebaut hatten. Es war zu erwarten, dass das Gesetz vom unerbittlichen Wachstum aller Bürokratien auch vor der EU nicht haltmachen würde und dass die kontinuierliche Zunahme von Macht und Einfluss der »Eurokratie« letztlich auch diese zu einem nicht mehr beeinflussbaren Leviathan anwachsen ließe. Als die beiden Freunde die rue Belliard entlangschlenderten und den Berlaymont-Palast, den Sitz der EU-Kommission, erreichten, traute T. kaum seinen Augen: Die Gebäudeaufschrift teilte mit, dass sich hier der Sitz einer neuen »Europäischen Universität« befand. Sein Freund klärte ihn auf: Im Jahre 2020 hatte in der EU eine wahre Revolution stattgefunden: Eine breite Bürgerbewegung in allen Mitgliedsstaaten hatte in einem harten und zähen Kampf gegen fast alle etablierten politischen Parteien eine völlige Neuausrichtung der Grundprinzipien der EU erzwungen. Ihr war in einer neuen, kurzen und präzisen Verfassung vorgeschrieben worden, sich ausschließlich auf die Festlegung grundlegender wirtschaftlicher und sozialer Leitlinien zu beschränken und die Verwaltung dieser sowie die Verteilung aller finanziellen Mittel vollkommen den Einzelstaaten und deren Regionen zu überlassen. Wichtige Entscheidungen mussten seither in regelmäßigen Intervallen europaweiten Volksabstimmungen unterworfen werden. Dadurch war der bis dahin unaufhaltsame Trend zur Zentralisierung und Bürokratisierung (alle 10 Jahre war der EU-Beamtenapparat um 10 000 Personen angewachsen[4]) vollkommen unterbrochen worden. Es wurde auch festgelegt, dass sämtliche EU-Behörden dezentralisiert und in Städte in den Mitgliedsstaaten verlegt werden mussten. Damit wurde auch dem Streben vieler früherer Politiker, die EU zu einer neuen, auch militärisch potenten Weltmacht weiterzuentwickeln, ein Riegel vorgeschoben. Die Befürchtung vieler, dass mit dem Verzicht auf dieses Ziel die EU zum Spielball der alten und neuen hochgerüsteten Weltmächte – wie der USA, Russlands und Chinas – werden würde, war nicht eingetreten. Im Gegenteil, die vollkommene und glaubwürdige Abkehr von diesem Ziel veranlasst auch andere große, demokratische und nicht-militaristische Staaten, wie Indien, Japan und Brasilien, auf die Prinzipien der EU einzuschwenken. Dadurch gerieten die USA und Russland mit ihren noch immer vorhandenen imperialistischen Gelüsten weltweit ins Abseits – abgesehen von den zunehmenden wirtschaftlichen Schwierigkeiten, in die sie durch ihre hohen Rüstungsausgaben geschlittert waren – und auch China kam zur Überzeugung, dass es vielleicht der falsche Weg sei, in dieser Hinsicht den USA nachzueifern. Für Afrika bedeutete diese Neuorientierung, dass sich ein partnerschaftlich-egalitäres Verhältnis zwischen ihnen – zum Vorteil beider – entwickelt hatte.

Nachwort des Verfassers: Die enorme Kluft zwischen Europa und Afrika, aber auch die enge Verwobenheit des Schicksals der beiden Kontinente kam mir zu Bewusstsein im Zuge einer Reise durch Ägypten, den Sudan und Äthiopien, die ich im Dezember 2008/Januar 2009 machen konnte. Ich habe in dieser Schilderung daher nicht zufällig die Entwicklung Europas aus der Sicht eines Afrikaners in den Mittelpunkt gestellt. Das Verhältnis dieser beiden Kontinente zueinander wird vielleicht die entscheidende Schicksalsfrage Europas in den kommenden Jahrzehnten sein. Afrika ist nicht nur der ärmste, sondern auch der am stärksten wachsende Kontinent der Erde: Seine derzeitige Einwohnerzahl von rund 900 Millionen wird sich bis 2050 auf geschätzte 1,5 Milliarden vermehren, die Einwohnerzahl Europas dagegen nur wenig, wenn überhaupt. Zwischen beiden Kontinenten besteht eine enorme Kluft im Entwicklungs- und Lebensniveau mit der Folge, dass der bereits bestehende, ungeheure Migrationsdruck sich noch verstärken wird. Die inhumane Abschottung Europas von Afrika durch meterhohe Mauern (wie in den spanischen Enklaven Ceuta und Melilla in Marokko) und paramilitärische Einheiten im Mittelmeer werden diesem Druck nicht standhalten können.

1 Für kritische Lektüre danke ich Florian Haller, Franz Höllinger und Bernadette Müller.

2 Tajjib Salich, Zeit der Nordwanderung. Roman aus dem Sudan, Basel 1998

3 Das Berliner Kabarett »Die Stachelschweine« führte im Herbst 2008 einen Sketch auf, in welchem im Jahre 2030 in Berlin unverhofft wieder ein Baby zur Welt kommt – ein Ereignis, das zu einem Chaos führt, da es keine Gebärkliniken und Hebammen mehr gibt.

4 Vgl. die statistischen Zahlen dazu in Max Haller, Europäische Integration als Elitenprozess. Das Ende eines Traums? Wiesbaden: VS Verlag für Sozialwissenschaften

20 Den sozialen Kampf europäisieren

Aurélie Trouvé

Die Bilanz der EU-Politik der letzten Jahre ist mager. Die neoliberale Offensive wurde fortgesetzt, in der Frage der Migration hat die europäische Politik die Asylbedingungen verschärft, ebenso die Kontrolle der MigrantInnen, und zugleich eine selektive Migration vorangetrieben. Die gemeinsame Außen- und Sicherheitspolitik wurde noch stärker in Richtung Militarisierung gelenkt. In der Agrarpolitik wurde die weitere Auflösung der Marktregulierungsmechanismen forciert, ebenso die Schaffung einer globalen Wettbewerbssituation für die Landwirtschaft, zum Schaden der regionalen Landwirtschaft im Norden wie im Süden, der Sicherung der Nahrungsversorgung, der Arbeitsplätze und der Umweltbedingungen. Im Bereich Klima und Energie ist die EU mit ihrer Zielsetzung weit hinter den Erfordernissen im Angesicht der ökologischen Krise zurückgeblieben.

Soziale Bewegungen haben indes gezeigt, dass die BürgerInnen weder dieses Europa noch die Art und Weise akzeptieren, wie bisher Politik gemacht worden ist. Von der Dynamik, die während der Kampagne gegen den Vertrag zur europäischen Verfassung im Jahr 2005 spürbar war, ist jedoch leider nur wenig übrig geblieben. So wurde zwei Jahre später der Vertrag von Lissabon (der nichts anderes als ein Zwillingsbruder des europäischen »Verfassungsvertrages« ist) praktisch von allen Mitgliedsstaaten angenommen, ohne dass es größere Widerstände vonseiten der europäischen BürgerInnen gegeben hätte. Die sozialen Bewegungen haben indes auch mit spezifischen Problemen zu kämpfen, die jedoch in der Zukunft überwunden werden können.

Mehrere Schwierigkeiten wurden sichtbar:

- Das Problem der Inhomogenität der europäischen sozialen Bewegungen. Auf der europäischen Ebene werden die Unterschiede in der politischen Kultur jedes Landes noch deutlicher.
- Die Unterschätzung der Notwendigkeit eines gemeinsamen europäischen Kampfes der sozialen Bewegungen. Die europäischen Themen betreffen uns alle und beeinflussen den Großteil der nationalen Angelegenheiten, aber dieses grenzüberschreitende Denken ist in vielen sozialen Bewegungen noch zu schwach verankert.
- Die Unterschiede in der Analyse der aktuellen und zukünftigen Entwicklung der europäischen Union.

Was den letzten Punkt betrifft, verdienen zwei Sichtweisen der GlobalisierungskritikerInnen besondere Beachtung. Da ist zunächst die sozialliberale Sichtweise, welche das aktuelle europäische Modell als unübertreffbar betrachtet und ihm lediglich einen sozialeren und etwas stärker ökologischen Anstrich geben möchte. Die zweite Auffassung besagt, dass nur die Nationalstaaten einen möglichen Rahmen für Demokratie und soziale Kämpfe sowie Schutz vor der neoliberalen Globalisierung bieten können.

Die zweite Auffassung ist so gefährlich wie die erste: Die sozialen Kämpfe führen, genau wie die Alternativen zum aktuellen Kapitalismus, in eine Sackgasse, wenn sie ausschließlich auf nationaler Ebene geführt werden. Im Hinblick auf seine globale systemische Krise kann der radikale Bruch mit dem aktuellen kapitalistischen System nur auf internationaler Ebene vollzogen werden: Die Herausforderungen in den Bereichen Ökologie, Ernährung und Finanzen verlangen nach einer globalen Lösung.

Nun hat Europa ausreichend Gewicht, um als »Schalthebel« zu fungieren und das globale System infrage zu stellen: Als wichtigste Handelsmacht der Welt, mit großer Bedeutung innerhalb der internationalen Institutionen ausgestattet, ist es zugleich einer der Hauptverantwortlichen der globalen Krise und ein potenzieller Träger eines neuen Systems. Es hat die Mittel zu sozialem Fortschritt auf sehr hohem Niveau.

Schließlich hat der Finanzkapitalismus solch gewaltige Machtzentren in Europa geschaffen, dass soziale Kämpfe, die nur innerhalb eines Nationalstaates stattfinden, nicht ausreichen, um sie infrage zu stellen. Um auf globaler Ebene Veränderungen herbeizuführen, gibt es keine andere Möglichkeit, als sich die Schaffung eines anderen Europa zum Ziel zu setzen, über die nationalen Grenzen hinweg zu kooperieren und die Menschen auf EU-Ebene zu mobilisieren. Im Übrigen sind es genau diese Ideen, durch die das Netzwerk Attac in Europa kontinuierlich an Stärke gewinnt.

Darüber hinaus müssen künftig zwischen engagierten BürgerInnen Kontakte hergestellt werden. Im Prozess der sozialen Foren entstehen nach und nach Netze zwischen GlobalisierungskritikerInnen und sozialen, ökologischen, demokratischen und anti-imperialistischen Organisationen. Aus den gemeinsamen Ideen entstehen gemeinsame Widerstände und Forderungen nach einem anderen, einem solidarischen, nachhaltigen und demokratisierten Europa. Dennoch: Was wir brauchen, sind konkrete gemeinsame Forderungen zu bestimmten Zeitpunkten innerhalb einer gemeinsamen europäischen Mobilisierung.

Ein günstiger Moment kann hier die globale Krise des kapitalistischen Systems sein, die sich in einer Wirtschaftskrise äußert, wie es sie seit 1929 nicht mehr gegeben hat und die die BürgerInnen mit voller Härte trifft. Die Maßnahmen der verschiedenen europäischen Regierungen bestehen darin, die Verluste auf die Allgemeinheit abzuwälzen und die Gewinne in den Taschen der Kapitalträger zu belassen.

Diese Phase der Unsicherheit in Bezug auf ein neues Modell ist zugleich eine enorme Chance für die sozialen Bewegungen. An diesem Wendepunkt kann nur ein massives Aufstehen der BürgerInnen an das Herz des aktuellen Wirtschaftsmodells gehen und den gesellschaftlichen Reichtum neu aufteilen. Um dies in Angriff zu nehmen, muss erst eine wichtige Säule dieses Modells zum Einsturz gebracht werden: das neoliberale Europa. Die BürgerInnen lassen sich immer weniger für dumm verkaufen: Dieses Europa hat seit 30 Jahren einer Umverteilung der Arbeitserträge in Richtung Kapital und der Zerstörung der sozialen Errungenschaften Vorschub geleistet, um mehr und mehr die Interessen der Finanzwelt und die Gier der Profitjäger zu bedienen.

Es ist hoch an der Zeit, dass dieses Europa den Bedürfnissen der BürgerInnen, dem sozialen Fortschritt und der Solidarität mit dem Rest der Welt dient und auf die Dringlichkeit der ökologischen Krise reagiert. Dieses Europa sollte soziale Rechte nach oben harmonisieren, zum Beispiel mit BIP-abhängigen Mindestlöhnen, die progressiv konvergieren. Angesichts der Krise sollten Finanztransaktionen in Steueroasen unterbunden werden, die Europäische Zentralbank müsste demokratischer Kontrolle unterworfen werden und den Zielen Beschäftigung und nachhaltige Entwicklung dienen; der Bankensektor sollte vergesellschaftet, d. h. demokratisch von den BürgerInnen und vom Staat kontrolliert werden. Gegenüber den Ländern des Südens sollten die Handelsbeziehungen nicht auf dem Wettbewerbsprinzip gründen, sondern auf Solidarität. Die gesamte europäische Politik müsste grundlegend überdacht werden. Das könnte allerdings nur in einer wirklich demokratisierten EU auf der Grundlage ganz neuer Verträge geschehen. Deshalb ist es unerlässlich, dass ein neuer Gründungstext demokratisch ausgearbeitet, diskutiert und den BürgerInnen zur Abstimmung vorgelegt wird.

Aus dem Französischen übersetzt von Marlene Schramek und Christian Felber.

Die AutorInnen

Claus Faber, geb. 1968, Ökonom (Wirtschaftsuniversität Wien), freier Publizist (Ö1, Deutschlandfunk, Der Standard u. a.), Fachreferent für Verkehr und öffentliche Dienste (Gewerkschaft vida), Gruppendynamiker (ÖAGG), Mitglied und viele Jahre Webmaster von Attac Österreich, verheiratet, eine Tochter (Rafaela).
Mehr Infos: http://www.clausfaber.net

Christian Felber, geb. 1972, freier Publizist und Tänzer, Mitbegründer von Attac Österreich, Buchautor, zuletzt: 50 Vorschläge für eine gerechtere Welt und Neue Werte für die Wirtschaft, Deuticke 2006/2008. Lektor an der Wirtschaftsuniversität Wien, internationaler Referent: www.christian-felber.at

Franziskus Forster, geb. 1982, Aktivist bei AgrarAttac und im Agrarbündnis sowie Diplomand für Internationale Entwicklung an der Universität Wien.

Gerald Häfner, geb. 1956, Autor und Publizist in München, Mitbegründer und Landesvorsitzender der Grünen in Deutschland bzw. Bayern sowie zehn Jahre Mitglied des Deutschen Bundestages. Als Vorstandssprecher von Mehr Demokratie und im Rahmen von Democracy International kümmert er sich um mehr Bürgerbeteiligung und die Fortentwicklung der Demokratie in Deutschland und weltweit. Er ist Berater verschiedener Parlamente und Autor einer Reihe von (vielfach erfolgreichen) Gesetzesentwürfen für mehr unmittelbare Demokratie. www.mehr-demokratie.de

Max Haller, geb. 1947, seit 1985 Professor für Soziologie in Graz. Seine Forschungsschwerpunkte sind Sozialstrukturanalyse, international vergleichende Sozialforschung und soziologische Theorie. Neben zahlreichen wissenschaftlichen Aufsätzen hat er rund 30 Bücher verfasst bzw. herausgegeben; zuletzt Die europäische Integration als Elitenprozess. Das Ende eines Traums? (VS Verlag, Wiesbaden 2009)

Gerhard Jagschitz, geb. 1940, seit 1985 Universitätsprofessor in Wien, Krems und Prag, 1994–2001 Vorstand des Instituts für Zeitgeschichte der Universität Wien. 2002 pensioniert. Publikationen: Der Putsch (1976), Zeitaufnahmen (1985), Medienkoffer 1–4 (Mitherausgeber 1980–1987). Zahlreiche Aufsätze zur österreichischen Zeitgeschichte, zur europäischen Geschichte sowie zur Thematik audiovisueller Medien und Geschichte. Wissenschaftliche Leitung zahlreicher Ausstellungen, Mitarbeit an Fernseh- und Radioproduktionen, Gutachter in Prozessen mit zeitgeschichtlichen Themen.

Elisabeth Klatzer, geb. 1966, Ökonomin/Sozialwissenschafterin, Master of Public Administration, Harvard University (Öffentliches Verwaltungsmanagement); Tätigkeit zu Globalisierungskritik, Gender Budgeting, feministische politische Ökonomie und europäische Integration.

Helga Kromp-Kolb, geb. 1948, Professorin am Institut für Meteorologie der Universität für Bodenkultur in Wien. Arbeitsschwerpunkte Umweltmeteorologie, Schadstoffausbreitung (inkl. Radionuklide) in der Atmosphäre, Ozonabbau und Klimawandel. Mitglied wissenschaftlicher Beratungsgremien im Wissenschaftsbetrieb und der Österreichischen Bundesregierung. Vorsitzende des »Forums für Atomfragen«. Konrad-Lorenz-Preis 1991, Wissenschaftlerin des Jahres 2005.

Wolfgang Kromp, geb. 1942, leitet das Institut für Risikoforschung der Universität Wien. Langjährige Gastaufenthalte am Max-Planck-Institut/Stuttgart und an der Carnegie-Mellon University/Pittsburgh. Anwendungsorientierte werkstoffwissenschaftliche Forschung sowie Risikofragen, insbesondere Kernenergie und Biomasseenergie. Mitglied österreichischer Beratungsgremien, u. a. des Forums für Atomfragen des Umweltministers, der Wissenschaftskommission beim BMLV und des Fachnormenausschusses für Risiko-, Sicherheits- und Krisenmanagement. Konrad-Lorenz-Preis 1991.

Wolfgang Machreich, geb. 1969, gelernter Spengler- und Glaser-Geselle, studierter Theologe und Philosoph und seit 1999 Außenpolitik-Redakteur der Furche.

Freda Meissner-Blau, geb. 1927, studierte Publizistik, Soziologie und Medizin. Sie arbeitete für die UNESCO in Paris, am Institut für Höhere Studien in Wien und als Bildungsreferentin der ÖMV. Aktivistin der Öko-, Anti-Atom- und Friedensbewegung, 1986 Kandidatin für die Bundespräsidentschaft der Republik Österreich, darauf Abgeordnete und Klubvorsitzende der Grünen bis 1989.

Manfred Nowak, geb. 1950, u. a. Professor für Int. Menschenrechtschutz an der Universität Wien, Co-Direktor des Ludwig-Boltzmann-Instituts für Menschenrechte und UN-Sonderberichterstatter über Folter. http://www.univie.ac.at/bim/

Josef Ortner, geb. 1955, seit 1982 Biobauer in Ranshofen (OÖ) und Obmann des Vereins »Schöpfungsverantwortung Tier und Mensch«.

Wolfgang Pekny, geb.1956, studierte Chemie und Biologie. Seit 1974 ist er im Umweltschutz engagiert, davon zwanzig Jahre hauptberuflich für Greenpeace als Kampagnendirektor, Querdenker und Think-Tank in führenden Positionen. Seit 2007 Geschäftsführer der von ihm begründeten Plattform Footprint und Obmann der »Initiative Zivilgesellschaft«, mit denen die zivilgesellschaftlichen Kräfte für die Wenden in Richtung zukunftsfähiger Gesellschaften gebündelt werden sollen.

Sybille Pirklbauer, geb. 1971, Politikwissenschafterin, seit 2004 bei Attac. Sie war zwei Jahre Vorstandsmitglied und ist Mitglied der Gruppe Steuergerechtigkeit.

Martin Rümmele, geb. 1970, seit 1988 Journalist und Experte für Gesundheitswirtschaft. 1997–2007 Redakteur der Tageszeitung Wirtschaftsblatt mit dem Schwerpunkt Gesundheitsökonomie, davor Redakteur der Austria Presse Agentur und Medien in Westösterreich, der Schweiz und

Süddeutschland. Seit 2007 freischaffender Journalist für verschiedene Gesundheitsmedien, Chefredakteur der Wochenzeitung Health:economy und Geschäftsführer der ampuls-verlag OG. Seit 2008 Mitglied im Vorstand von Attac Österreich. Publikationen: Kranke Geschäfte mit unserer Gesundheit, NP Bucherlag 2005.

Christian Schoder, geb. 1982, Student der Volkswirtschaft und Politikwissenschaft an der Universität Wien mit Schwerpunkt Geldpolitik und Finanzmärkte. Er ist seit Jahren bei Attac aktiv und arbeitet derzeit zum Thema Finanzmärkte und im Vorstand.

Gabriele Sorgo, geb. 1961, lehrt pädagogische Anthropologie an den Universitäten Graz und Innsbruck sowie Kulturgeschichte an der Universität Wien. Forschungsschwerpunkte: Anthropologie der Warenkultur, Rituale des Konsums, christliche Erotik und Askese. Letzte Publikation: Abendmahl in Teufels Küche. Über die Mysterien der Warenwelt (Styria 2006).

Martin Sprenger, geb. 1963, seit 2002 wissenschaftlicher Koordinator und stellvertretender Leiter des Universitätslehrganges Public Health der Medizinischen Universität Graz, freier Unternehmensberater. Ehrenamtliche allgemeinmedizinische Tätigkeit für die Caritas Marienambulanz in Graz, Lehrtätigkeit an diversen Fachhochschul- und Universitätslehrgängen, Mitglied des Geschäftsausschusses der österreichischen Gesellschaft für Public Health, Vorstandsmitglied der Steirischen Akademie für Allgemeinmedizin.

Alexandra Strickner, geb. 1969, Ökonomin, arbeitet seit 2003 für das Institute for Agriculture and Trade Policy (www.iatp.org) zu agrar- und handelspolitischen Fragen. Sie ist Mitbegründerin und gegenwärtig im Vorstand von Attac Österreich.

Aurélie Trouvé, geb. 1979, Co-Präsidentin von Attac Frankreich und verantwortlich für die Europäische Kampagne. Die promovierte Ökonomin unterrichtet schwerpunktmäßig Agrarpolitik und ländliche Entwicklung.

Sepp Wall-Strasser, geb. 1957, studierte Philosophie und Theologie in Linz und Paris; 1981–1991 Pastoralarbeiter der ArbeiterInnenpastorale der Diözese Linz; Brigadist in Nicaragua; Initiator des entwicklungspolitischen Bildungsprojektes »weltumspannend arbeiten« des ÖGB; Gründungs- und ehemaliges Vorstandsmitglied von Attac Österreich, seit 1991 Leiter des Bereiches Bildung und Zukunftsfragen des ÖGB OÖ. Politische Kommentare in Tageszeitungen und Zeitschriften, Herausgeber u. a. von Im Roulette der Finanzmärkte. Altersicherung im Zeitalter des Neoliberalismus, Wien 2002, Märkte brauchen Regeln. Strategien für solidarisches Wirtschaften, Wien 2004, Tatort Sozialstaat. Angriffe auf das Netz der Generationen, Wien 2006.

Petra Ziegler, geb. 1969, seit 2006 im Vorstand von Attac Österreich, Co-Autorin von Das kritische EU-Buch. Warum wir ein anderes Europa brauchen (Deuticke 2006) und Referentin zu wirtschaftspolitischen Themen.

Klaus Woltron
Die Perestroika des Kapitalismus
Ein Aufruf zum Systemwechsel

Die jüngste Finanzkrise zeigt es überdeutlich: Der Kapitalismus ist an seine Grenzen gestoßen, das neoliberale System befindet sich im Wandel. Selbst die überzeugtesten Anhänger der freien Wirtschaft erkennen, dass sie ihre Strategien überdenken müssen, und rufen den Staat zu Hilfe.

Statt Untergangsszenarien zu beschwören, bringt Klaus Woltron Licht in das Dickicht der Wechselwirkungen, zeigt wirksame Gegenstrategien auf und prüft sie auf ihre praktische Umsetzbarkeit: Wie lässt sich ein neues Gleichgewicht herstellen? Wie können die Fehlentwicklungen des Kapitalismus und der Globalisierung ausgeglichen werden, ohne zum totalen Zusammenbruch des Systems zu führen? Auch ein freies Spiel der Kräfte braucht weltweit gültige, klare Regeln. Die Systemkrise muss die Chance sein, um einen Systemwechsel herbeizuführen.

Aus seiner klugen Analyse der Mechanismen des Marktes und der wirtschaftlichen, politischen, gesellschaftlichen Zusammenhänge entwickelt der Autor sinnvolle Maßnahmen für einen umwälzenden und gleichzeitig friedlichen Umbau von Wirtschaft und Gesellschaft. Seine »Empfehlungen für Verantwortungsträger« zeigen, was jetzt zu tun ist.

autorinresidenz